Capítulo 4
Suma de 2 dígitos

GO MATH!
¡VIVAN LAS MATEMÁTICAS!

Hecho en los Estados Unidos
Impreso en papel reciclado

Houghton
Mifflin
Harcourt

Printed in the U.S.A.

ISBN 978-0-544-67752-4

10 0928 24 23 22 21 20

4500794189 B C D E F G

Estimados estudiantes y familiares:

Bienvenidos a **Go Math! ¡Vivan las matemáticas!** para 2do. grado. En este estimulante programa de matemáticas, encontrarán actividades prácticas y problemas de la vida diaria que tendrán que resolver. Y lo mejor de todo es que podrán escribir sus ideas y respuestas directamente en el libro. El hecho de que puedan escribir y dibujar en las páginas, les ayudará a percibir más detalladamente lo que están aprendiendo y las matemáticas serán fáciles de entender.

También deseamos compartir con ustedes algo muy importante: se ha usado papel reciclado en la impresión de este libro. Queremos que sepan que al participar en el programa **Go Math! ¡Vivan las matemáticas!** ustedes estarán ayudando a proteger el medio ambiente.

Atentamente,
Los autores

Hecho en los Estados Unidos
Impreso en papel reciclado

GO MATH!

¡VIVAN LAS MATEMÁTICAS!

Autores

Juli K. Dixon, Ph.D.
Professor, Mathematics Education
University of Central Florida
Orlando, Florida

Edward B. Burger, Ph.D.
President, Southwestern University
Georgetown, Texas

Steven J. Leinwand
Principal Research Analyst
American Institutes for Research (AIR)
Washington, D.C.

Matthew R. Larson, Ph.D.
K-12 Curriculum Specialist for Mathematics
Lincoln Public Schools
Lincoln, Nebraska

Martha E. Sandoval-Martinez
Math Instructor
El Camino College
Torrance, California

Colaboradora

Rena Petrello
Professor, Mathematics
Moorpark College
Moorpark, California

Consultores de English Language Learners

Elizabeth Jiménez
CEO, GEMAS Consulting
Professional Expert on English Learner Education
Bilingual Education and Dual Language
Pomona, California

Suma y resta

Estándares comunes **Área de atención** Desarrollar la fluidez con la suma y la resta

4 Suma de 2 dígitos 233

ESTÁNDARES ESTATALES COMUNES

2.OA Operaciones y pensamiento algebraico
Agrupación A Representan y resuelven problemas relacionados a la suma y a la resta.
2.OA.A.1

2.NBT Números y operaciones en base diez
Agrupación B Utilizan el valor posicional y las propiedades de las operaciones para sumar y restar.
2.NBT.B.5, 2.NBT.B.6, 2.NBT.B.9

Área de atención

APRENDE EN LÍNEA

¡Aprende en línea! Tus lecciones de matemáticas son interactivas. Usa iTools, Modelos matemáticos animados y el Glosario multimedia entre otros.

Presentación del Capítulo 4

En este capítulo, explorarás y descubrirás las respuestas a las siguientes **Preguntas esenciales**:

- ¿Cómo usas el valor posicional para sumar números de 2 dígitos y de qué formas se pueden sumar números de 2 dígitos?
- ¿Cómo formas una decena con un sumando para ayudarte a resolver un problema de suma?
- ¿Cómo anotas los pasos al sumar números de 2 dígitos?
- ¿De qué formas se pueden sumar 3 números o 4 números?

Entrenador personal en matemáticas
Evaluación e intervención en línea

PRACTICA MÁS CON EL
Entrenador personal en matemáticas

Práctica y tarea

Repaso de la lección y Repaso en espiral en cada lección

Capítulo 4

Suma de 2 dígitos

Las teclas de un piano moderno están hechas de madera o plástico. Un piano moderno tiene 36 teclas negras y 52 teclas blancas. ¿Cuántas teclas tiene en total?

Nombre ______________________

Muestra lo que sabes

Entrenador personal en matemáticas
Evaluación e intervención en línea

Patrones de suma

Suma 2. Completa cada enunciado de suma. (1.OA.A.1)

1. 1 + <u>2</u> = <u>3</u>

2. 2 + ____ = ____

3. 3 + ____ = ____

4. 4 + ____ = ____

5. 5 + ____ = ____

6. 6 + ____ = ____

Operaciones de suma

Escribe la suma. (1.OA.C.6)

7. 7 + 3 = ____

8. 8 + 8 = ____

9. 6 + 7 = ____

10. 4 + 4 = ____

11. 9 + 5 = ____

12. 8 + 7 = ____

Decenas y unidades

Escribe cuántas decenas y unidades hay en cada número. (1.NBT.B.2b)

13. 43

____ decenas ____ unidades

14. 68

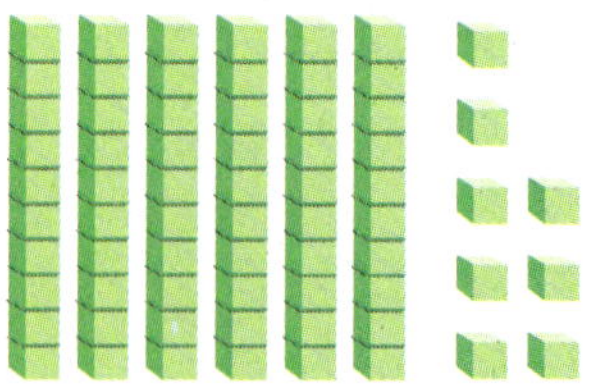

____ decenas ____ unidades

Esta página es para verificar la comprensión de destrezas importantes que se necesitan para tener éxito en el Capítulo 4.

Nombre ______________________

Desarrollo del vocabulario

Palabras de repaso
- suma
- sumando
- dígito
- decenas
- unidades

Visualízalo

Completa el organizador gráfico con las palabras de repaso.

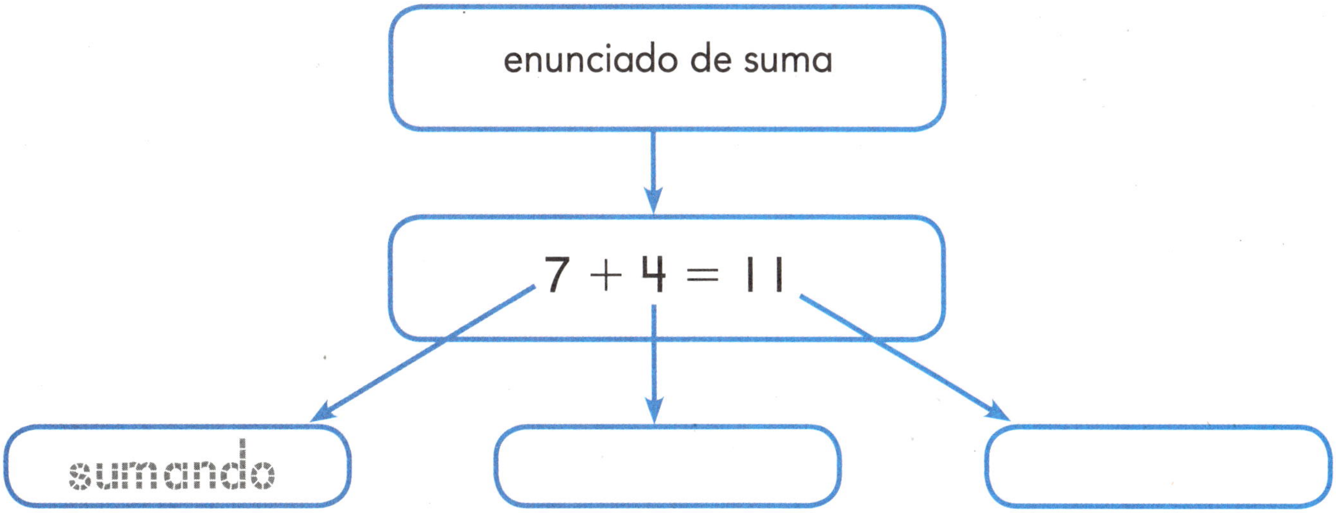

Comprende el vocabulario

1. Escribe un número que tenga el **dígito** 3 en el lugar de las **decenas.** ______

2. Escribe un número que tenga el **dígito** 5 en el lugar de las **unidades.** ______

3. Escribe un número que tenga el mismo dígito en el lugar de las **decenas** que en el lugar de las **unidades.** ______

4. Escribe un número que tenga **dígitos** que sumen una **suma** de 8. ______

APRENDE EN LÍNEA
- Libro interactivo del estudiante
- Glosario multimedia

Juego ¿Cuál es la suma?

Materiales

- 12 🔴
- 12 🟡
- 1 dado

Juega con un compañero.

1. Coloca tu 🔴 en la SALIDA.
2. Lanza el dado. Muévete ese número de casillas.
3. Di la suma. Tu compañero verifica tu resultado.
4. Si tu resultado es correcto, halla ese número en el centro del tablero. Coloca una de tus 🔴 en ese número.
5. Túrnense hasta que los dos jugadores lleguen a la LLEGADA. El jugador que tenga más 🔴 en el tablero gana.

SALIDA

$2 + 7$ | $6 + 5$ | $3 + 9$ | $0 + 7$ | $8 + 6$

$6 + 2$ | $8 + 7$

$5 + 1$ | $4 + 6$ | $2 + 2$ | $7 + 9$ | $9 + 9$ | $5 + 8$

$1 + 4$ | $9 + 8$

LLEGADA

7	18	9	11	15
13	6	17	8	10
16	4	12	14	5

Vocabulario del Capítulo 4

centena hundred 5	**columna** column 10
decenas tens 18	**dígito** digit 21
es igual a is equal to (=) 25	**reagrupar** regroup 55
suma sum 59	**unidades** ones 64

columna

$$\begin{array}{r} 3\boxed{3} \\ 3\boxed{4} \\ +\ 3\boxed{2} \\ \hline \end{array}$$

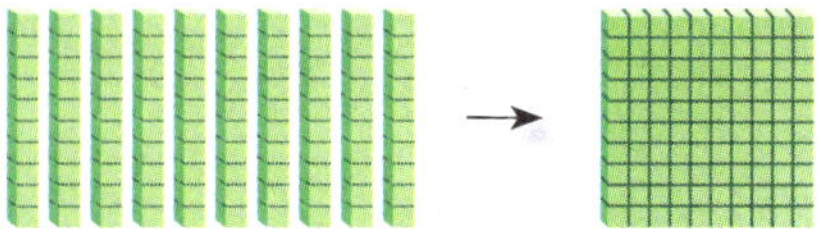

Hay 10 decenas en 1 **centena**.

0, 1, 2, 3, 4, 5, 6, 7, 8, y 9 son **dígitos**.

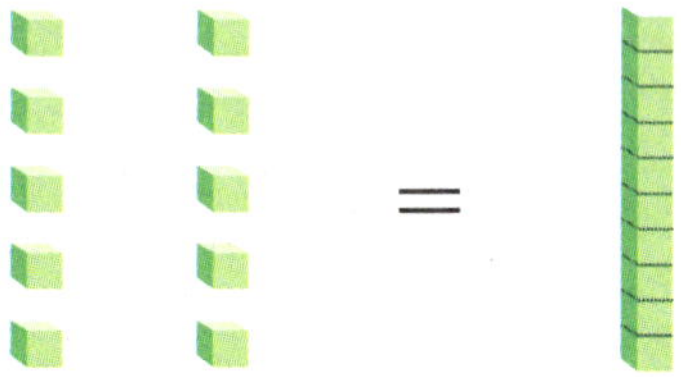

10 unidades = 1 decena

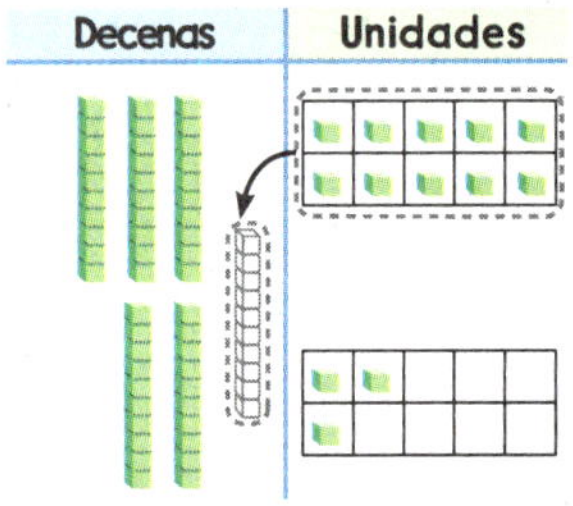

Puedes intercambiar 10 unidades por 1 decena para **reagrupar**.

2 más 1 es igual a 3

2 + 1 = 3

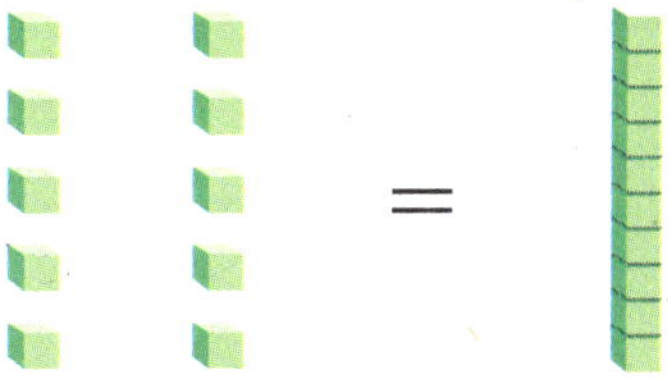

10 unidades = 1 decena

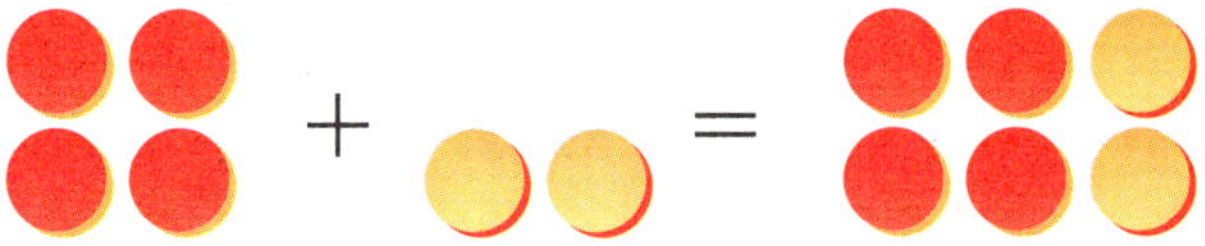

4 + 2 = 6

suma

Concentración

Recuadro de palabras

- centena
- columna
- decena
- dígito
- es igual a (=)
- reagrupar
- suma
- unidades

Jugadores: 2 a 3

Materiales

- un juego de tarjetas de palabras

Instrucciones

1. Coloquen las tarjetas boca abajo en hileras. Túrnense para jugar.
2. Elige dos tarjetas. Colócalas boca arriba.
   - Si las tarjetas coinciden, te quedas con el par y juegas un turno más.
   - Si las tarjetas no coinciden, colócalas boca abajo de nuevo.
3. El juego termina cuando todas las tarjetas están emparejadas. Los jugadores cuentan sus pares. El jugador con la mayor cantidad de pares es el ganador.

Diario

Escríbelo

Reflexiona

Elige una idea. Escribe acerca de la idea en el espacio de abajo.

- Explica de qué manera los dibujos rápidos te ayudan a sumar números de 2 dígitos.
- Di todas las maneras diferentes en que puedes sumar números de 2 dígitos.
- Escribe tres cosas que sabes acerca de reagrupar.

Nombre ________________________________

Separar unidades para sumar

Pregunta esencial ¿Por qué es más fácil sumar un número si lo separamos?

Estándares comunes Números y operaciones en base diez—2.NBT.B.5

PRÁCTICAS MATEMÁTICAS MP1, MP4, MP6

Escucha y dibuja En el mundo

Manos a la obra

Usa . Haz un dibujo para mostrar lo que hiciste.

PARA EL MAESTRO • Lea el siguiente problema. Pida a los niños que lo resuelvan usando bloques. Griffin leyó 27 libros sobre animales y 6 libros sobre el espacio. ¿Cuántos libros leyó?

Charla matemática PRÁCTICAS MATEMÁTICAS 6

Describe lo que hiciste con los bloques.

Representa y dibuja

Separa las unidades para formar una decena.
Usa esto como una manera de sumar.

27 + 8 = ___?___

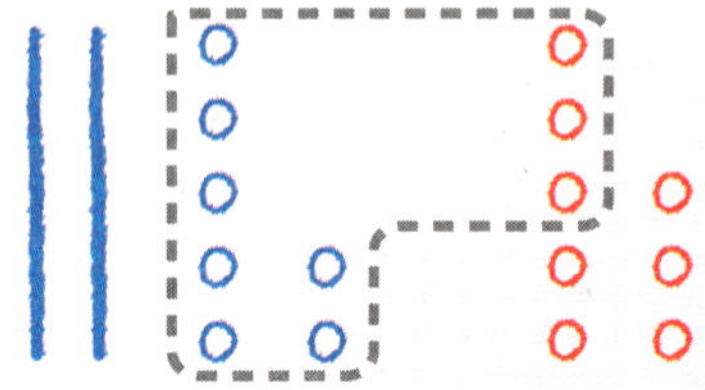

27 + 8
27 + 3 + 5
30 + 5 = ______

27 + 8 = ______

Comparte y muestra MATH BOARD

Haz dibujos rápidos. Separa las unidades para formar una decena. Luego suma y escribe la suma.

1. 15 + 7 = ______

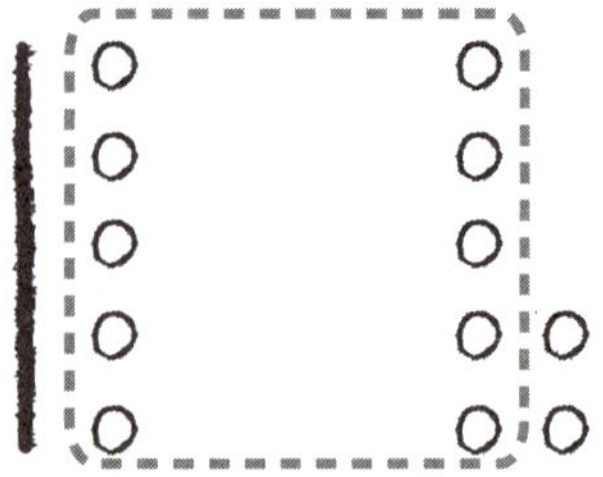

2. 26 + 5 = ______

3. 37 + 8 = ______

4. 28 + 6 = ______

Nombre ______________________________

Por tu cuenta

Separa las unidades para formar una decena.
Luego suma y escribe la suma.

5. $23 + 9 =$ ______

6. $48 + 5 =$ ______

7. $18 + 5 =$ ______

8. $33 + 9 =$ ______

9. $27 + 6 =$ ______

10. $49 + 4 =$ ______

11. MÁS AL DETALLE Alex pone en una sala 32 mesas pequeñas y 9 mesas grandes. Luego pone otras 9 mesas grandes al lado de la pared. ¿Cuántas mesas pone Alex?

______ mesas

12. PIENSA MÁS Bruce ve 29 robles y 4 arces en el parque. Luego ve el doble de pinos que de arces. ¿Cuántos árboles ve Bruce?

______ árboles

Resolución de problemas • Aplicaciones En el mundo

ESCRIBE Matemáticas

Resuelve. Escribe o dibuja para explicar.

13. MÁS AL DETALLE Megan tiene 38 fotos de animales, 5 fotos de personas y 3 fotos de insectos. ¿Cuántas fotos tiene?

_______ fotos

14. PRÁCTICA MATEMÁTICA 1 **Analiza** Jamal tiene una caja con 22 carritos de juguete. Coloca otros 9 carritos de juguete en la caja. Luego saca 3 carritos de juguete de la caja. ¿Cuántos carritos de juguete quedan en la caja ahora?

_______ carritos de juguete

15. PIENSA MÁS Dan tiene 16 lápices. Quentin le da 5 lápices más. Elige todas las formas que puedes usar para hallar el número de lápices que tiene Dan en total.

- ○ 16 + 5
- ○ 16 + 4 + 1
- ○ 16 − 5

ACTIVIDAD PARA LA CASA • Diga un número de 0 a 9. Pida a su niño que diga un número para sumarlo al suyo y obtener una suma de 10.

Nombre ____________________

Separar unidades para sumar

Estándares comunes

ESTÁNDARES COMUNES 2.NBT.B.5
Utilizan la comprensión del valor posicional y las propiedades de las operaciones para sumar y restar.

Separa las unidades para formar una decena. Luego suma y escribe la suma.

1. 62 + 9 = ____	2. 27 + 7 = ____
3. 28 + 5 = ____	4. 17 + 8 = ____
5. 57 + 6 = ____	6. 23 + 9 = ____
7. 39 + 7 = ____	8. 26 + 5 = ____
9. 13 + 8 = ____	10. 18 + 7 = ____

Resolución de problemas En el mundo

Resuelve. Escribe o dibuja para explicar.

11. Jimmy tiene 18 avioncitos. Su madre le trajo 7 avioncitos más. ¿Cuántos avioncitos tiene ahora?

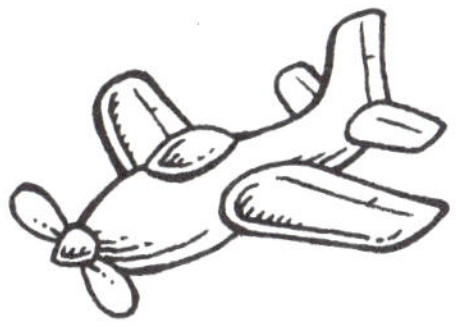

____ avioncitos

12. ESCRIBE Matemáticas Explica cómo hallarías la suma de 46 + 7.

____

____

Repaso de la lección (2.NBT.B.5)

1. ¿Cuál es la suma?

$26 + 7 =$ ____

2. ¿Cuál es la suma?

$15 + 8 =$ ____

Repaso en espiral (2.OA.A.1, 2.OA.B.2, 2.NBT.A.3)

3. Hanna tiene 4 cuentas azules y 8 cuentas rojas. ¿Cuántas cuentas tiene Hanna?

$4 + 8 =$ ____ cuentas

4. Rick tiene 4 adhesivos. Luego gana 2 más. ¿Cuántos adhesivos tiene Rick ahora?

$4 + 2 =$ ____ adhesivos

5. ¿Cuál es el total?

$4 + 5 + 4 =$ ____

6. Escribe 281 usando centenas, decenas y unidades.

____ centenas ____ decenas

____ unidades

PRACTICA MÁS CON EL Entrenador personal en matemáticas

Nombre ___________________________________

Hacer una compensación

Pregunta esencial ¿Cómo puedes convertir un sumando en una decena para resolver un problema de suma?

Estándares comunes **Números y operaciones en base diez—2.NBT.B.5**

PRÁCTICAS MATEMÁTICAS
MP1, MP4, MP6

Escucha y dibuja En el mundo

Haz dibujos rápidos para mostrar los problemas.

PARA EL MAESTRO • Pida a los niños que hagan dibujos rápidos para resolver este problema. Kara tiene 47 adhesivos. Compra 20 adhesivos más. ¿Cuántos adhesivos tiene ahora? Repita lo mismo con este problema. Tyrone tiene 30 adhesivos y compra 52 más. ¿Cuántos adhesivos tiene ahora?

Charla matemática PRÁCTICAS MATEMÁTICAS 1

Analiza cómo hallaste la cantidad de adhesivos que tiene Tyrone.

Representa y dibuja

Saca unidades de un sumando para que el otro sumando sea el siguiente número de decenas.

La suma es más fácil cuando uno de los sumandos es un número de decenas.

25 + 48 = ?

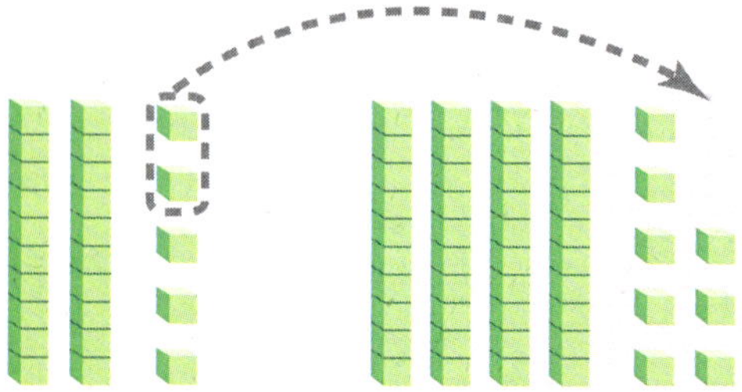

23 + 50 = ____

Comparte y muestra

Muestra cómo hacer que un sumando sea el siguiente número de decenas. Completa el nuevo enunciado de suma.

1. 37 + 25 = ?

40 + ____ = ____

✓ 2. 27 + 46 = ?

____ + ____ = ____

✓ 3. 14 + 29 = ?

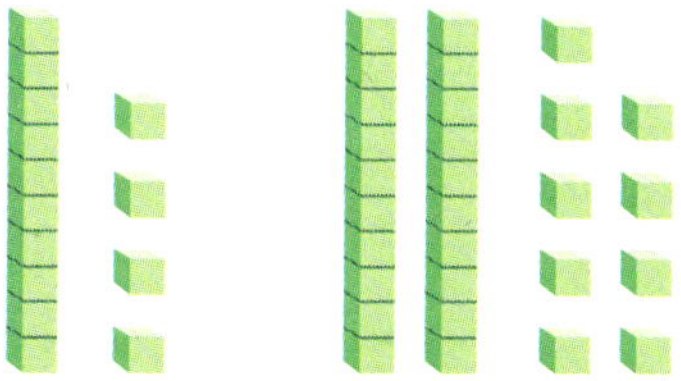

____ + ____ = ____

Nombre ______________________________

Por tu cuenta

Muestra cómo hacer que un sumando sea el siguiente número de decenas. Completa el nuevo enunciado de suma.

4. 18 + 13 = ?

_____ + _____ = _____

5. 24 + 18 = ?

_____ + _____ = _____

6. MÁS AL DETALLE Luis encuentra 44 caracoles. Wayne encuentra 39 caracoles. ¿Cuántos caracoles necesitan si quieren tener 90 caracoles en total?

_____ caracoles

Resuelve. Escribe o haz un dibujo para explicar.

7. PIENSA MÁS Zach encuentra 38 ramas. Kelly encuentra 27 ramas. ¿Cuántas ramas más necesitan los dos niños si quieren conseguir 70 ramas en total?

_____ ramas más

Resolución de problemas • Aplicaciones En el mundo

ESCRIBE Matemáticas

Resuelve. Escribe o dibuja para explicar.

8. PRÁCTICA MATEMÁTICA 6 **Haz conexiones**
La tabla muestra las hojas que recogió Philip. Quiere tener una colección de 52 hojas de solo dos colores. ¿Qué dos colores de hojas debe usar?

Hojas recogidas	
Color	**Número**
verde	27
marrón	29
amarillo	25

_______________ y _______________

9. PIENSA MÁS Ava tiene 39 hojas de papel blancas. Tiene 22 hojas de papel verdes. Haz un dibujo y escribe para explicar cómo hallar el número de hojas de papel que tiene Ava.

Ava tiene __________ hojas de papel.

ACTIVIDAD PARA LA CASA • Pida a su niño que elija un problema de esta página y explique cómo resolverlo de otra manera.

Nombre ____________________

Hacer una compensación

Estándares comunes

ESTÁNDARES COMUNES—2.NBT.B.5
Utilizan el valor posicional y las propiedades de las operaciones para sumar y restar.

Muestra cómo hacer que un sumando sea el siguiente número de decenas. Completa el nuevo enunciado de suma.

1. 15 + 37 = ?

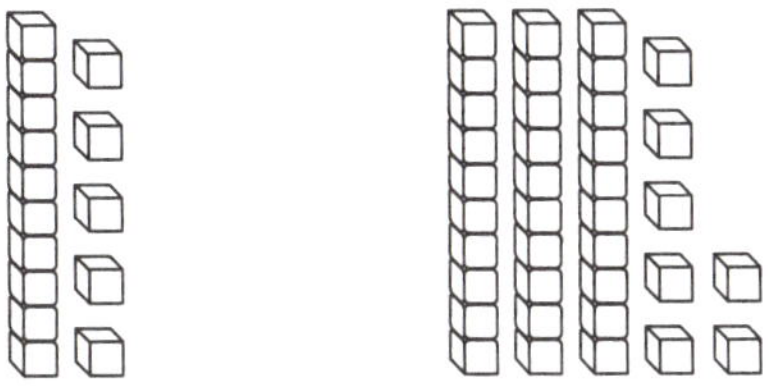

____ + ____ = ____

2. 22 + 49 = ?

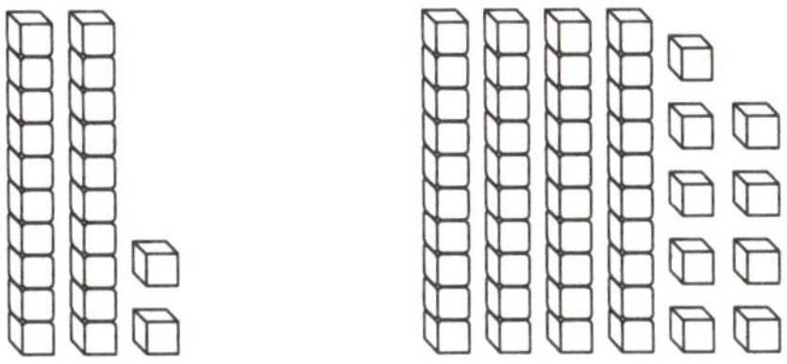

____ + ____ = ____

3. 38 + 26 = ?

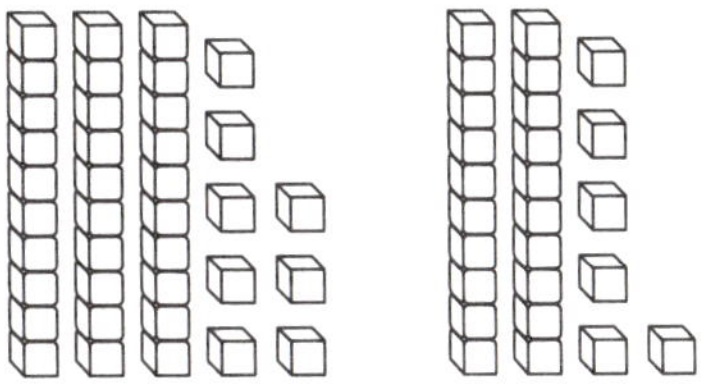

____ + ____ = ____

Resolución de problemas En el mundo

Resuelve. Escribe o dibuja para explicar.

4. El roble de la escuela medía 34 pies de alto.
Luego creció 18 pies más.
¿Cuánto mide el roble ahora?

____ pies de alto

5. ESCRIBE Matemáticas Explica por qué harías de uno de los sumandos una decena para resolver un problema de suma.

____

____

Repaso de la lección (2.NBT.B.5)

1. ¿Cuál es la suma?

$18 + 25 =$ ____

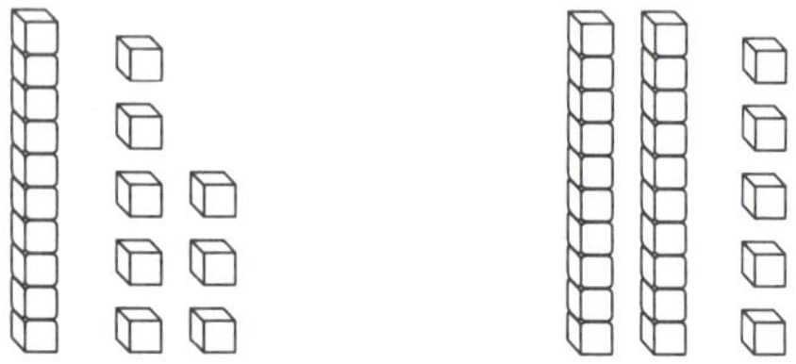

2. ¿Cuál es la suma?

$27 + 24 =$ ____

Repaso en espiral (2.OA.B.2, 2.OA.C.3)

3. Encierra en un círculo el número par.

27 14 11 5

4. Andrew ve 4 peces. Kim ve el doble de ese número de peces. ¿Cuántos peces ve Kim?

____ peces

5. ¿Cuál es la operación de resta relacionada para $7 + 6 = 13$?

____

6. ¿Cuál es la suma?

$2 + 8 =$ ____

PRACTICA MÁS CON EL
Entrenador personal en matemáticas

Nombre ______________________________

Separar los sumandos en decenas y unidades

Pregunta esencial ¿Cómo separas sumandos para sumar decenas y después sumar unidades?

Estándares comunes **Números y operaciones en base diez—2.NBT.B.5**

PRÁCTICAS MATEMÁTICAS **MP1, MP6, MP8**

Escucha y dibuja

Escribe el número. Luego escribe el número como decenas más unidades.

______ + ______

______ + ______

______ + ______

Charla matemática PRÁCTICAS MATEMÁTICAS 1

¿Cuál es el valor del 6 en el número 63? **Explica** cómo lo sabes.

PARA EL MAESTRO • Dirija la atención de los niños a la casilla anaranjada. Pida a los niños que escriban 25 dentro del rectángulo grande. Luego pida a los niños que escriban 25 como decenas más unidades. Repita la actividad con 36 y 42.

Representa y dibuja

Separa los sumandos en decenas y unidades.
Suma las decenas y suma las unidades.
Luego halla la suma.

27 ⟶ 20 + 7
+48 ⟶ 40 + 8

60 + 15 = ____

60 + 15
10 5

70 + 5 = ____

Comparte y muestra MATH BOARD

Separa los sumandos para hallar la suma.

1. 35 ⟶ ____ + ____
+54 ⟶ ____ + ____

____ + ____ = ____

2. 43 ⟶ ____ + ____
+29 ⟶ ____ + ____

____ + ____ = ____

3. 56 ⟶ ____ + ____
+38 ⟶ ____ + ____

____ + ____ = ____

Nombre ____________________

Por tu cuenta

Separa los sumandos para hallar la suma.

4. 14 → ____ + ____

+23 → ____ + ____

____ + ____ = ____

5. 37 → ____ + ____

+45 → ____ + ____

____ + ____ = ____

6. MÁS AL DETALLE Chris leyó 15 páginas de su libro. Tony leyó 4 páginas más que Chris. ¿Cuántas páginas leyeron Chris y Tony?

____ páginas

7. PIENSA MÁS Julie leyó 18 páginas de su libro en la mañana. Leyó el mismo número de páginas en la tarde. ¿Cuántas páginas leyó en total?

____ páginas

Resolución de problemas • Aplicaciones En el mundo

ESCRIBE Matemáticas

Escribe o dibuja para explicar.

8. PRÁCTICA MATEMÁTICA 1 **Comprende los problemas** Christopher tiene 35 tarjetas de béisbol. El resto son tarjetas de básquetbol. Tiene 58 tarjetas en total. ¿Cuántas tarjetas de básquetbol tiene?

_______ tarjetas de básquetbol

9. PRÁCTICA MATEMÁTICA 1 **Evalúa** Tomás tiene 17 lápices. Compra 26 lápices más. ¿Cuántos lápices tiene ahora?

_______ lápices

Entrenador personal en matemáticas

10. PIENSA MÁS + Sasha usó 38 adhesivos rojos y 22 adhesivos azules. Muestra cómo puedes separar los sumandos para hallar cuántos adhesivos usó Sasha.

38 → ____ + ____

+22 → ____ + ____

____ + ____ = ____ adhesivos

ACTIVIDAD PARA LA CASA • Escriba 32 + 48 en una hoja de papel. Pida a su niño que separe los números y halle la suma.

Nombre ____________________

Separar los sumandos en decenas y unidades

ESTÁNDARES COMUNES—2.NBT.B.5
Utilizan el valor posicional y las propiedades de las operaciones para sumar y restar.

Separa los sumandos para hallar la suma.

1. 18 → ___ + ___
+ 21 → ___ + ___

___ + ___ = ___

2. 33 → ___ + ___
+ 49 → ___ + ___

___ + ___ = ___

Resolución de problemas — En el mundo

Elige una manera de resolver.
Escribe o dibuja para explicar.

3. Christopher tiene 28 tarjetas de béisbol. Justin tiene 18 tarjetas de béisbol. ¿Cuántas tarjetas de béisbol tienen los dos en total?

_____ tarjetas de béisbol

4. ESCRIBE **Matemáticas** Explica cómo separar los sumandos para hallar la suma de 25 + 16.

____

____

Repaso de la lección (2.NBT.B.5)

1. ¿Cuál es la suma?

$$\begin{array}{r} 27 \\ +\ 12 \\ \hline \end{array}$$

2. ¿Cuál es la suma?

$$\begin{array}{r} 17 \\ +\ 35 \\ \hline \end{array}$$

Repaso en espiral (2.OA.B.2, 2.NBT.A.1, 2.NBT.A.3, 2.NBT.B.5)

3. ¿Cuál es el valor del dígito subrayado?

$2\underline{5}$

____

4. ¿Qué número tiene el mismo valor que 12 decenas?

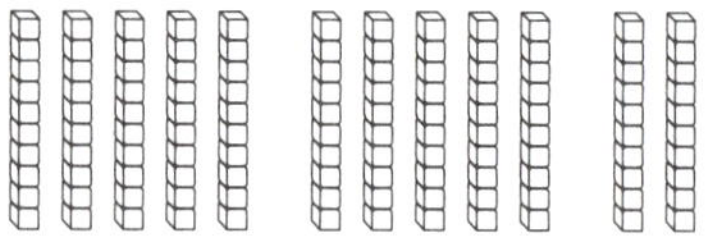

____

5. Ally tiene 7 cubos interconectables. Greg tiene 4 cubos interconectables. ¿Cuántos cubos interconectables tienen los dos?

____ cubos

6. Juan pintó un cuadro de un árbol. Primero pintó 15 hojas. Luego pintó 23 hojas más. ¿Cuántas hojas pintó?

____ hojas

PRACTICA MÁS CON EL Entrenador personal en matemáticas

Nombre ______________________________

Reagrupar modelos para sumar

Pregunta esencial ¿Cuándo reagrupas en la suma?

Estándares comunes **Números y operaciones en base diez—2.NBT.B.5**

PRÁCTICAS MATEMÁTICAS
MP1, MP5, MP7

Escucha y dibuja

En el mundo

Manos a la obra

Usa para representar el problema.
Haz dibujos rápidos para mostrar lo que hiciste.

Decenas	Unidades

PARA EL MAESTRO • Lea el siguiente problema. Brandon tiene 24 libros. Su amigo Mario tiene 8 libros. ¿Cuántos libros tienen los dos?

Charla matemática

PRÁCTICAS MATEMÁTICAS 5

Usa herramientas
Describe cómo formaste la decena en tu modelo.

Representa y dibuja

Suma 37 y 25.

Paso 1 Observa las unidades. ¿Puedes formar una decena?

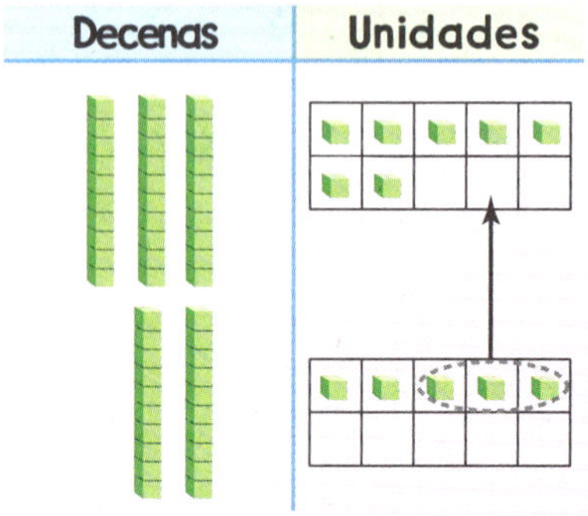

sí   no

Paso 2 Si puedes formar una decena, **reagrupa**.

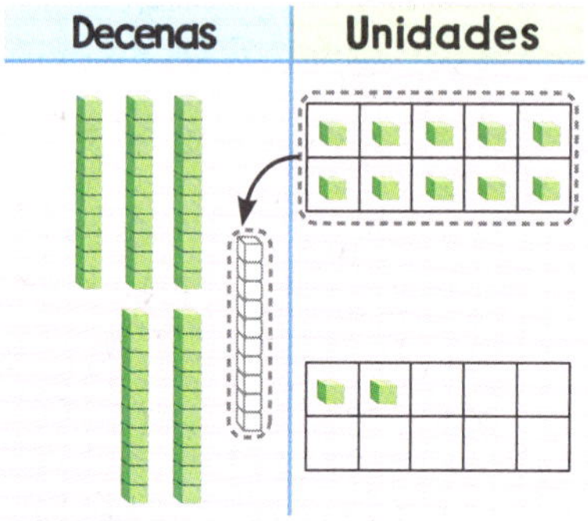

Cambia 10 unidades por 1 decena para reagrupar.

Paso 3 Escribe la cantidad de decenas y unidades. Escribe la suma.

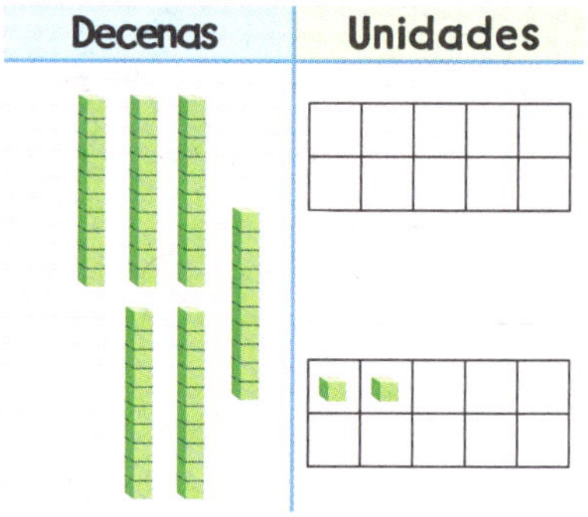

_____ decenas

_____ unidades

____

Comparte y muestra MATH BOARD

Haz un dibujo que muestre la reagrupación. Escribe cuántas decenas y unidades hay en la suma. Escribe la suma.

1. Suma 47 y 15.

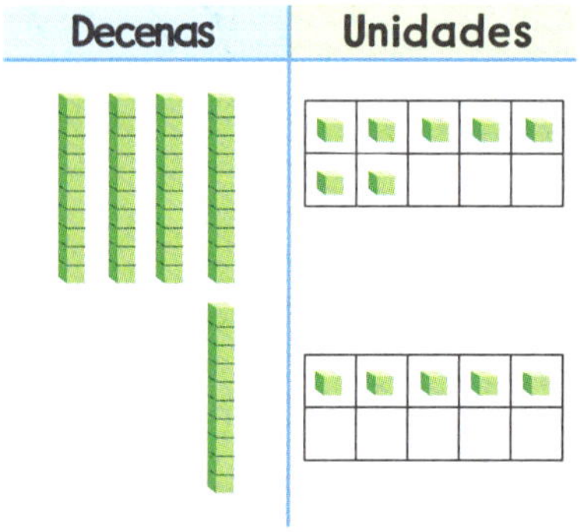

_____ decenas

_____ unidades

____

2. Suma 48 y 8.

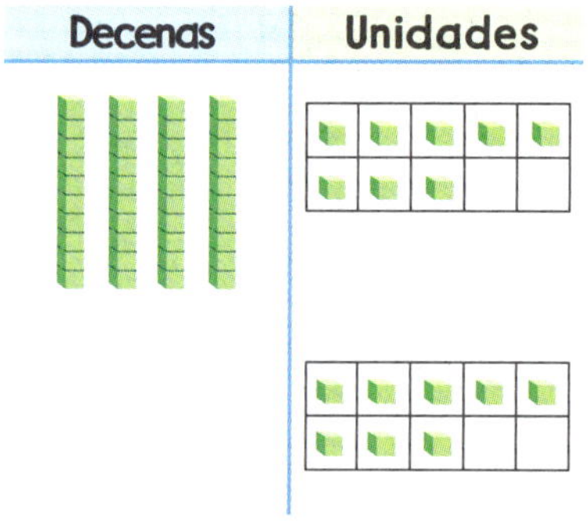

_____ decenas

_____ unidades

____

3. Suma 26 y 38.

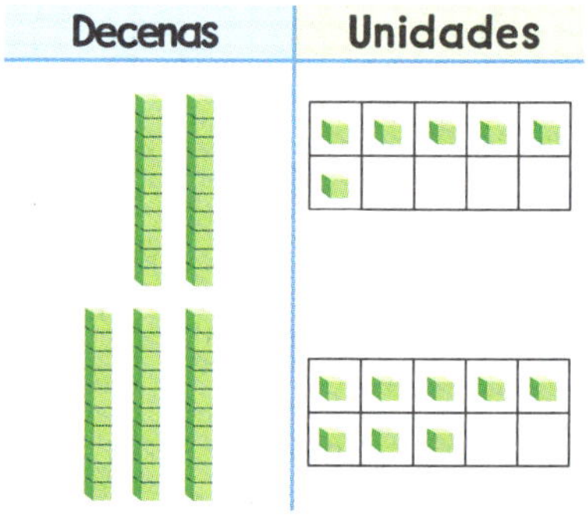

_____ decenas

_____ unidades

____

Nombre ____________________________________

Por tu cuenta

Haz un dibujo que muestre si reagrupas. Escribe cuántas decenas y unidades hay en la suma. Escribe la suma.

4. Suma 79 y 6.

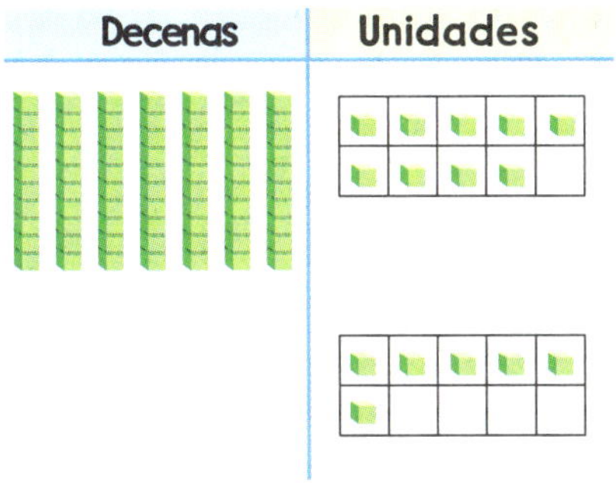

_____ decenas

_____ unidades

____

5. Suma 18 y 64.

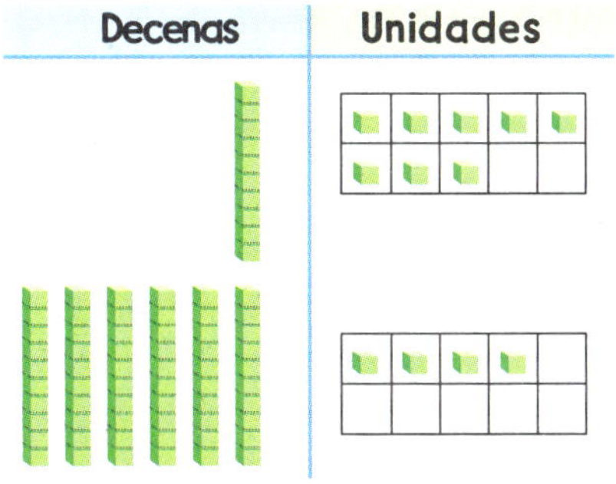

_____ decenas

_____ unidades

____

6. Suma 23 y 39.

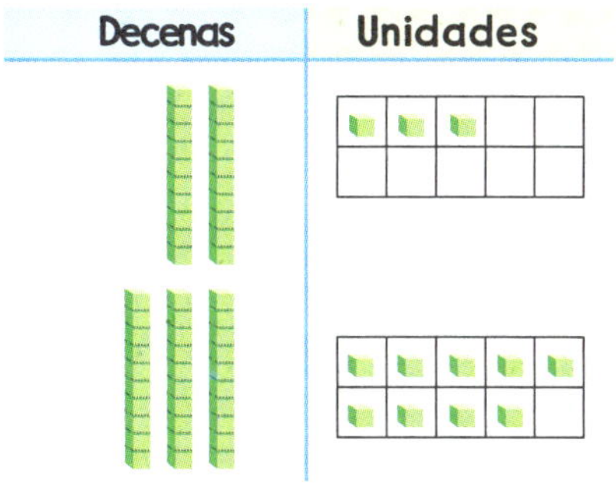

_____ decenas

_____ unidades

____

7. Suma 54 y 25.

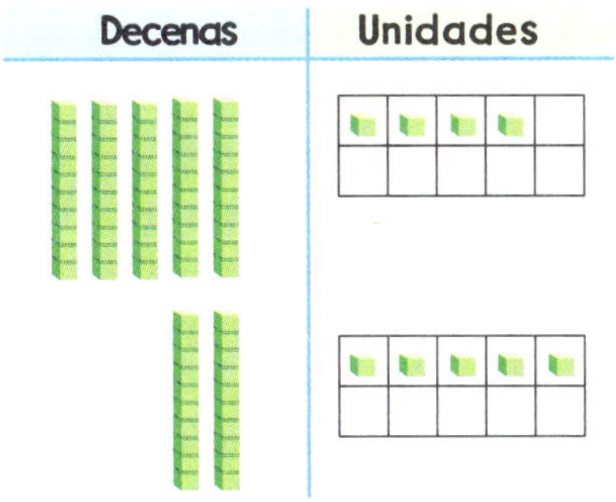

_____ decenas

_____ unidades

____

8. Suma 33 y 7.

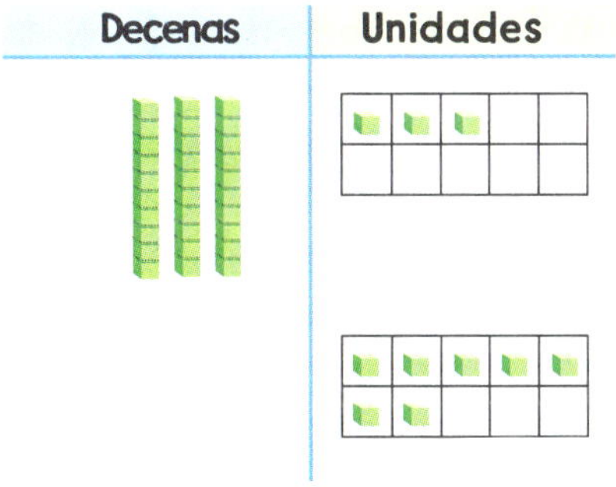

_____ decenas

_____ unidades

____

9. Suma 27 y 68.

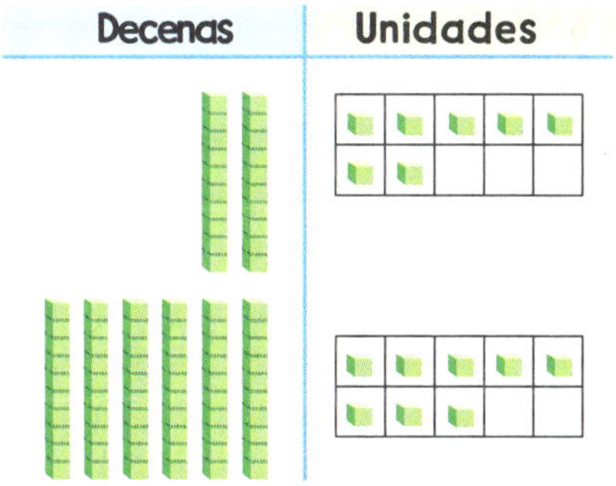

_____ decenas

_____ unidades

____

10. PIENSA MÁS Kara tiene 25 muñecos y 12 libros. Jorge tiene 8 muñecos más que Kara. ¿Cuántos muñecos tiene Jorge?

_____ muñecos

Resolución de problemas • Aplicaciones En el mundo

ESCRIBE Matemáticas

Escribe o dibuja para explicar.

11. PRÁCTICA MATEMÁTICA 1 **Comprende los problemas** La Sra. Sanders tiene dos peceras. Hay 14 peces en la pecera pequeña. Hay 27 peces en la pecera grande. ¿Cuántos peces hay en las dos peceras?

_______ peces

12. *PIENSA MÁS* Charlie subió 69 escalones. Luego subió 18 escalones más. Muestra dos formas diferentes para hallar cuántos escalones subió Charlie.

Charlie subió _______ escalones.

ACTIVIDAD PARA LA CASA • Pida a su niño que escriba un problema con números de 2 dígitos sobre la suma de dos grupos de sellos.

Nombre ______________________________

Reagrupar modelos para sumar

ESTÁNDARES COMUNES—2.NBT.B.5
Utilizan el valor posicional y las propiedades de las operaciones para sumar y restar.

Dibuja para mostrar cómo reagrupar. Escribe cuántas decenas y unidades hay en la suma. Escribe la suma.

1. Suma 63 y 9.

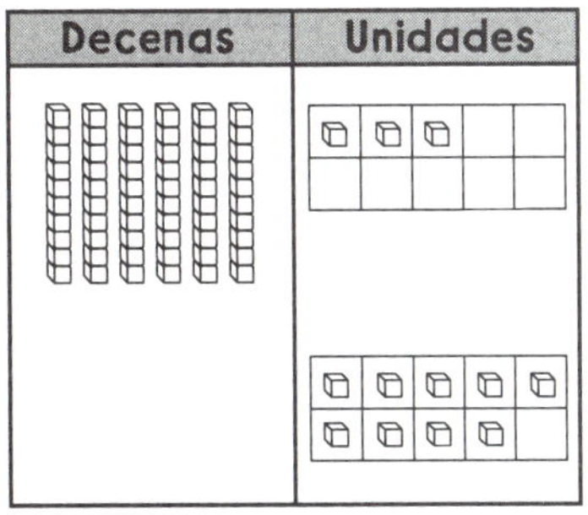

_____ decenas
_____ unidades
_____

2. Suma 25 y 58.

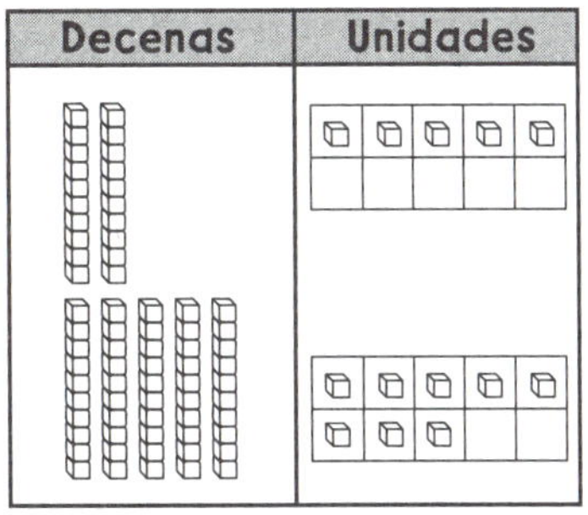

_____ decenas
_____ unidades
_____

3. Suma 58 y 18.

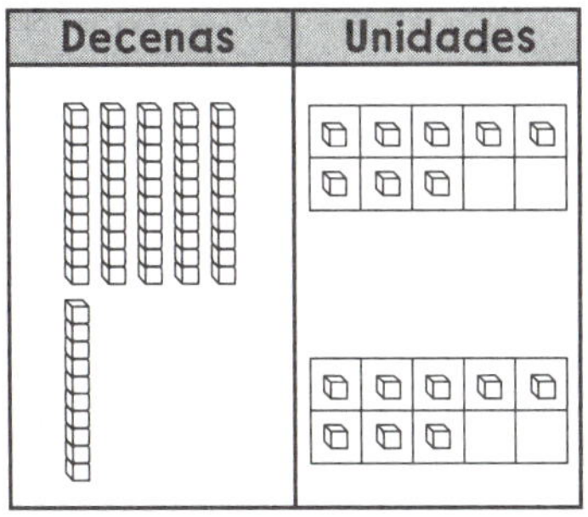

_____ decenas
_____ unidades
_____

4. Suma 64 y 26.

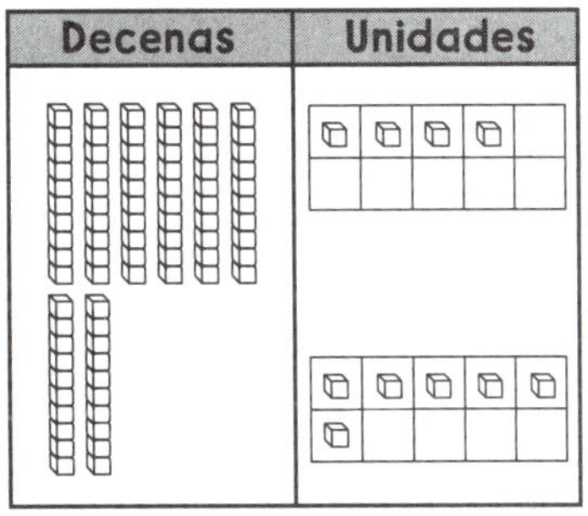

_____ decenas
_____ unidades
_____

5. Suma 17 y 77.

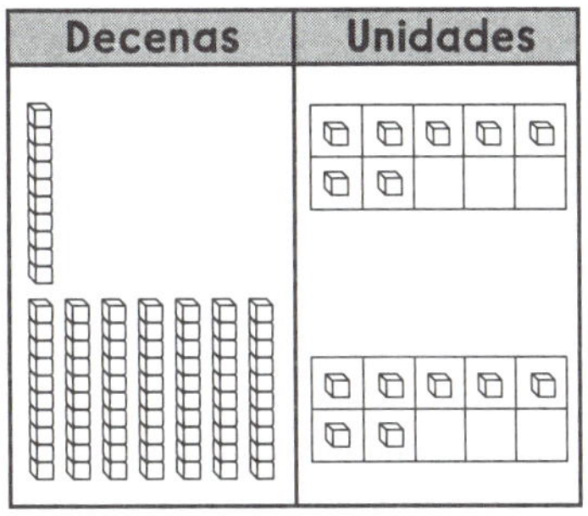

_____ decenas
_____ unidades
_____

6. Suma 16 y 39.

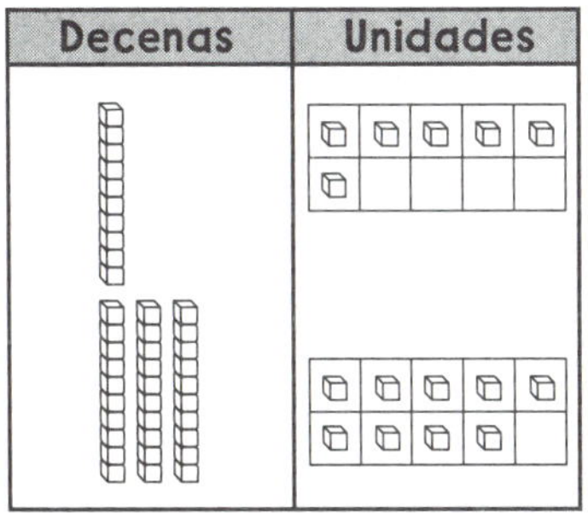

_____ decenas
_____ unidades
_____

Resolución de problemas (En el mundo)

Elige una manera de resolver. Escribe o dibuja para explicar.

7. Cathy tiene 43 hojas en su colección. Jane tiene 38 hojas. ¿Cuántas hojas tienen las dos niñas?

_____ hojas

8. ESCRIBE **Matemáticas** Supón que vas a sumar 43 y 28. ¿Tienes que reagrupar? Explica.

____

Repaso de la lección (2.NBT.B.5)

1. Suma 27 y 48. ¿Cuál es la suma?

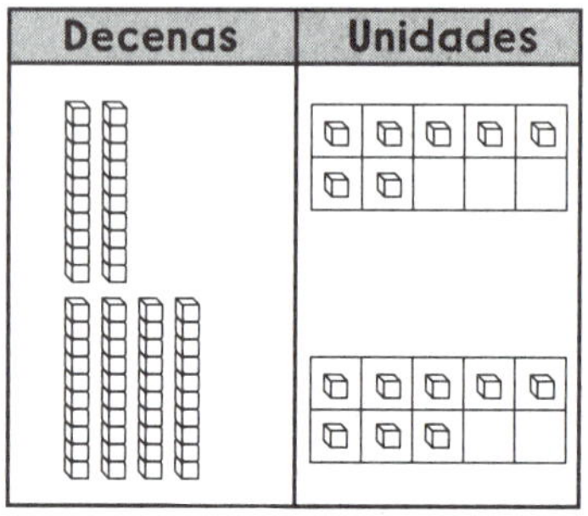

____

Repaso en espiral (2.OA.B.2, 2.OA.C.3, 2.NBT.B.5)

2. ¿Cuál es la suma?

7 + 7 = ____

3. Encierra en un círculo el número impar.

6 12 21 22

4. ¿Cuál es la suma?

39 + 46 = ____

5. ¿Cuál es la suma?

5 + 3 + 4 = ____

Nombre ____________________

Hacer un modelo y anotar sumas de 2 dígitos

Pregunta esencial ¿Cómo anotas la suma de 2 dígitos?

Estándares comunes **Números y operaciones en base diez—2.NBT.B.5** *También 2.NBT.B.9*

PRÁCTICAS MATEMÁTICAS
MP1, MP4, MP6

Escucha y dibuja — En el mundo

Usa para representar el problema.
Haz dibujos rápidos para mostrar lo que hiciste.

Decenas	Unidades

Charla matemática

PRÁCTICAS MATEMÁTICAS 6

Haz conexiones ¿Cambiaste bloques en tu modelo? Explica por qué.

PARA EL MAESTRO • Lea el siguiente problema. La clase del Sr. Riley recogió 54 latas para la colecta de alimentos. La clase de la Srta. Bright recogió 35 latas. ¿Cuántas latas recogieron las dos clases?

Representa y dibuja

Traza sobre los dibujos rápidos de los pasos.

Paso 1 Haz un modelo de 37 + 26. ¿Hay 10 unidades para reagrupar?

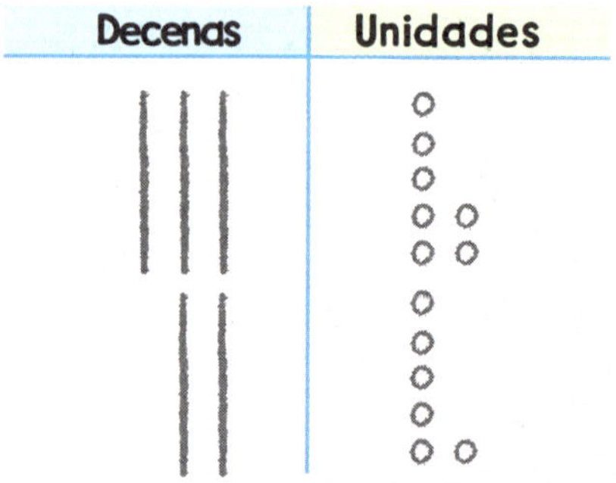

	Decenas	Unidades
	☐	
	3	7
+	2	6

Paso 2 Escribe la decena reagrupada. Escribe cuántas unidades hay en el lugar de las unidades ahora.

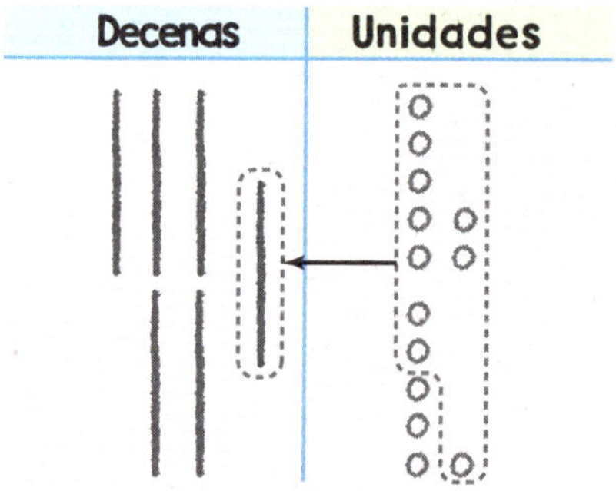

	Decenas	Unidades
	1	
	3	7
+	2	6
		3

Paso 3 ¿Cuántas decenas hay? Escribe cuántas decenas hay en el lugar de las decenas.

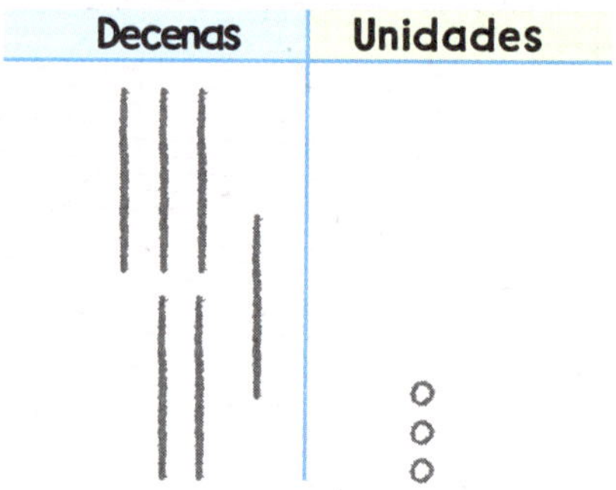

	Decenas	Unidades
	1	
	3	7
+	2	6
	6	3

Comparte y muestra

MATH BOARD

Haz dibujos rápidos como ayuda para resolver. Escribe la suma.

1.

	Decenas	Unidades
	☐	
	2	6
+	3	2

Decenas	Unidades

2.

	Decenas	Unidades
	☐	
	5	8
+	2	4

Decenas	Unidades

Nombre ______________________________

Por tu cuenta

Haz dibujos rápidos como ayuda para resolver.
Escribe la suma.

3.

	Decenas	Unidades
	□	
	3	4
+		9

Decenas	Unidades

4.

	Decenas	Unidades
	□	
	2	7
+	2	4

Decenas	Unidades

5.

	Decenas	Unidades
	□	
	3	5
+	2	3

Decenas	Unidades

6.

	Decenas	Unidades
	□	
	5	9
+		6

Decenas	Unidades

7. PIENSA MÁS Tim tiene 36 adhesivos. Margo tiene 44 adhesivos. ¿Cuántos adhesivos más necesitan para tener 100 en total?

Matemáticas al instante

_______ adhesivos más

8. MÁS AL DETALLE Un panadero quiere vender 100 panes. De momento ha vendido 48 de maíz y 42 integrales. ¿Cuántos panes más tiene que vender el panadero?

_______ panes más

Resolución de problemas • Aplicaciones En el mundo

ESCRIBE Matemáticas

Escribe o dibuja para explicar.

9. PRÁCTICA MATEMÁTICA 1 **Comprende los problemas**
Chris y Bianca obtuvieron 80 puntos en total en el concurso de deletreo. Cada niño obtuvo más de 20 puntos. ¿Cuántos puntos podría haber obtenido cada niño?

Chris: ________ puntos

Bianca: ________ puntos

Entrenador personal en matemáticas

10. PIENSA MÁS + Don construyó una torre con 24 bloques. Construyó otra torre con 18 bloques. ¿Cuántos bloques usó para las dos torres? Haz dibujos rápidos para resolver. Escribe la suma.

Decenas	Unidades

________ bloques

¿Reagrupaste para hallar la respuesta? Explica.

____

____

____

ACTIVIDAD PARA LA CASA • Escriba dos números de 2 dígitos y pregunte a su niño si reagruparía para hallar la suma.

Nombre ____________________

Hacer un modelo y anotar sumas de 2 dígitos

Estándares comunes ESTÁNDARES COMUNES 2.NBT.B.5 *Utilizan el valor posicional y las propiedades de las operaciones para sumar y restar.*

Haz dibujos rápidos como ayuda para resolver. Escribe la suma.

1.

	Decenas	Unidades
	□	
	3	8
+	1	7

Decenas	Unidades

2.

	Decenas	Unidades
	□	
	5	8
+	2	6

Decenas	Unidades

3.

	Decenas	Unidades
	□	
	4	2
+	3	7

Decenas	Unidades

4.

	Decenas	Unidades
	□	
	5	3
+	3	8

Decenas	Unidades

Resolución de problemas En el mundo

Elige una manera de resolver.
Escribe o dibuja para explicar.

5. Había 37 niños en el parque el sábado y 25 niños en el parque el domingo. ¿Cuántos niños había en el parque esos dos días?

_____ niños

6. ESCRIBE **Matemáticas** Explica por qué debes anotar un 1 en la columna de las decenas cuando tienes que reagrupar en un problema de suma.

____

____

Repaso de la lección (2.NBT.B.5)

1. ¿Cuál es la suma?

	Decenas	Unidades
	□	
	3	4
+	2	8

2. ¿Cuál es la suma?

	Decenas	Unidades
	□	
	4	3
+	2	7

Repaso en espiral (2.OA.B.2)

3. Adam reunió 14 monedas de 1¢ la primera semana y 9 monedas de 1¢ la segunda semana. ¿Cuántas monedas de 1¢ más reunió la primera semana que la segunda semana?

$14 - 9 =$ _____ monedas

4. ¿Cuál es la suma?

$3 + 7 + 9 =$ _____

5. Janet tiene 5 canicas. Encuentra el doble de ese número de canicas en su bolso de arte. ¿Cuántas canicas tiene Janet ahora?

$5 +$ ___ $=$ _____ canicas

6. ¿Cuál es la diferencia?

$13 - 5 =$ _____

PRACTICA MÁS CON EL Entrenador personal en matemáticas

Nombre ______________________________

Suma de 2 dígitos

Pregunta esencial ¿Cómo anotas los pasos cuando sumas números de 2 dígitos?

Estándares comunes **Números y operaciones en base diez—2.NBT.B.5, 2.NBT.B.9**

PRÁCTICAS MATEMÁTICAS
MP1, MP3, MP6

Escucha y dibuja En el mundo

Haz dibujos rápidos para representar cada problema.

Decenas	Unidades

Decenas	Unidades

PARA EL MAESTRO • Lea el siguiente problema y pida a los niños que hagan dibujos rápidos para resolverlo. Jason anotó 35 puntos en un juego y 47 puntos en otro juego. ¿Cuántos puntos anotó Jason? Repita la actividad con este problema. Patty anotó 18 puntos. Luego anotó 21 puntos. ¿Cuántos puntos anotó en total?

Charla matemática **PRÁCTICAS MATEMÁTICAS 1**

Analiza relaciones
Explica cuándo tienes que reagrupar unidades.

Representa y dibuja

Suma 59 y 24.

Paso 1 Suma las unidades.

$9 + 4 = 13$

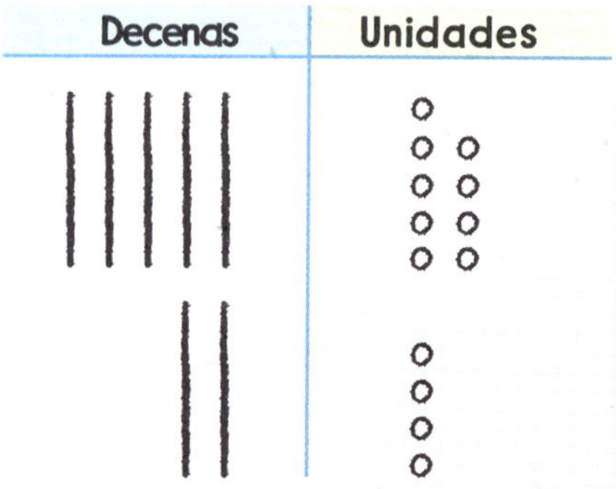

Decenas	Unidades
☐	
5	9
+ 2	4

Paso 2 Reagrupa; 13 unidades es lo mismo que 1 decena y 3 unidades.

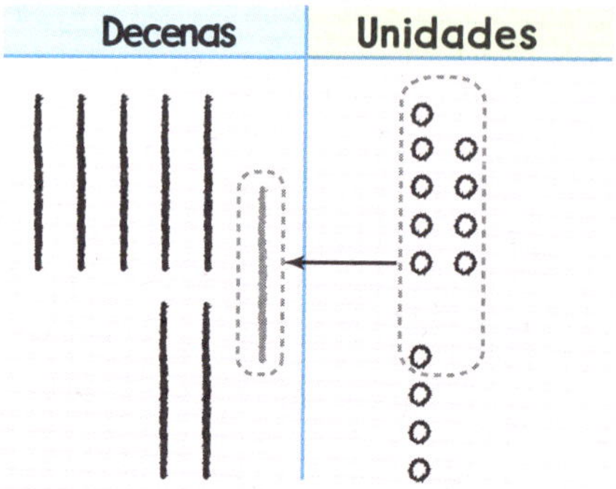

Decenas	Unidades
1	
5	9
+ 2	4
	3

Paso 3 Suma las decenas.

$1 + 5 + 2 = 8$

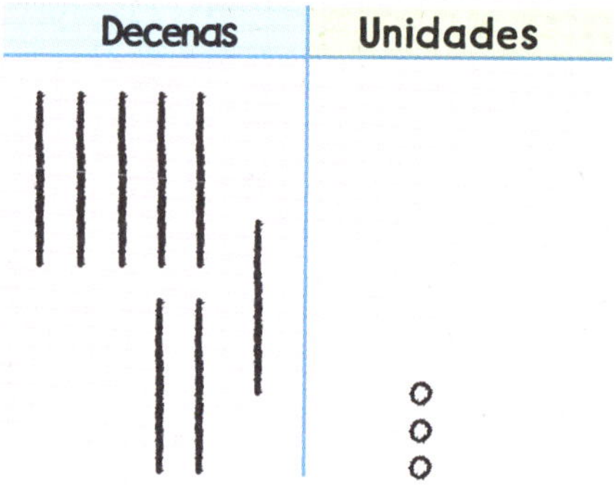

Decenas	Unidades
1	
5	9
+ 2	4
8	3

Comparte y muestra MATH BOARD

Reagrupa si es necesario. Escribe la suma.

1.

Decenas	Unidades
☐	
4	2
+ 2	9

✓ 2.

Decenas	Unidades
☐	
3	1
+ 1	4

✓ 3.

Decenas	Unidades
☐	
2	7
+ 4	5

Nombre ______________________________

Por tu cuenta

Reagrupa si es necesario. Escribe la suma.

4.

	Decenas	Unidades
	☐	
	4	8
+		7

5.

	Decenas	Unidades
	☐	
	3	5
+	4	2

6.

	Decenas	Unidades
	☐	
	7	3
+	2	0

7.

	3	3
+	2	7

8.

	5	2
+		5

9.

	3	6
+	5	8

10.

	6	4
+	2	5

11.

	3	5
+	3	8

12.

	3	8
+	5	2

Resuelve. Haz un dibujo o escribe para explicar.

13. **PIENSA MÁS** Jin tiene 31 libros sobre gatos y 19 libros sobre perros. Le regala 5 libros a su hermana. ¿Cuántos libros tiene Jin ahora?

________ libros

Resolución de problemas • Aplicaciones En el mundo

ESCRIBE Matemáticas

14. MÁS AL DETALLE Abby sumó de otra manera.
Halla la suma como Abby.

$$\begin{array}{r} 35 \\ +\,48 \\ \hline 13 \\ +\,70 \\ \hline 83 \end{array} \qquad \begin{array}{r} 57 \\ +\,29 \\ \hline \\ \hline \end{array}$$

15. PRÁCTICA MATEMÁTICA 3 **Verifica el razonamiento de los demás**
Explica por qué la manera de sumar de Abby funciona.

____

____

____

16. PIENSA MÁS Melissa vio 14 leones marinos y 29 focas. ¿Cuántos animales vio? Escribe un enunciado numérico para hallar el número total de animales que vio.

____

Explica cómo muestra el problema el enunciado numérico.

____

____

ACTIVIDAD PARA LA CASA • Pida a su niño que muestre dos maneras de sumar 45 y 38.

Nombre ______________________________

Suma de 2 dígitos

Práctica y tarea
Lección 4.6

Estándares comunes

ESTÁNDARES COMUNES—2.NBT.B.5
Utilizan el valor posicional y las propiedades de las operaciones para sumar y restar.

Reagrupa si es necesario. Escribe la suma.

1.
$$\begin{array}{r|r} 4 & 7 \\ +\,2 & 5 \\ \hline & \end{array}$$

2.
$$\begin{array}{r|r} 3 & 3 \\ +\,1 & 8 \\ \hline & \end{array}$$

3.
$$\begin{array}{r|r} 2 & 8 \\ +\,6 & 4 \\ \hline & \end{array}$$

4.
$$\begin{array}{r|r} 1 & 3 \\ +\,6 & 5 \\ \hline & \end{array}$$

5.
$$\begin{array}{r|r} 1 & 7 \\ +\,2 & 6 \\ \hline & \end{array}$$

6.
$$\begin{array}{r|r} 3 & 6 \\ +\,5 & 3 \\ \hline & \end{array}$$

7.
$$\begin{array}{r|r} 5 & 8 \\ +\,2 & 5 \\ \hline & \end{array}$$

8.
$$\begin{array}{r|r} 3 & 7 \\ +\,4 & 9 \\ \hline & \end{array}$$

Resolución de problemas — En el mundo

Resuelve. Escribe o dibuja para explicar.

9. Ángela dibujó 16 flores en un papel esta mañana. Dibujó 25 flores más en la tarde. ¿Cuántas flores dibujó en total?

_____ flores

10. ESCRIBE Matemáticas ¿Qué diferencia hay entre el Ejercicio 5 y el Ejercicio 6? Explica.

____

____

Repaso de la lección (2.NBT.B.5)

1. ¿Cuál es la suma?

	Decenas	Unidades
	2	1
+	3	7

2. ¿Cuál es la suma?

	Decenas	Unidades
	3	8
+	5	2

Repaso en espiral (2.OA.A.1, 2.NBT.A.3, 2.NBT.B.8)

3. ¿Cuál es el siguiente número del patrón de conteo?

103, 203, 303, 403, ____

4. Rita contó 13 burbujas. Ben contó 5 burbujas. ¿Cuántas burbujas menos que Rita contó Ben?

13 − 5 = ____ burbujas

5. ¿Qué número es 100 más que 265?

____

6. Escribe 42 como una suma de decenas y unidades.

____ + ____

PRACTICA MÁS CON EL Entrenador personal en matemáticas

Nombre ______________________________

Practicar sumas de 2 dígitos

Pregunta esencial ¿Cómo anotas los pasos cuando sumas números de 2 dígitos?

Estándares comunes **Números y operaciones en base diez—2.NBT.B.5** *También 2.NBT.B.7*

PRÁCTICAS MATEMÁTICAS
MP1, MP3, MP7

Escucha y dibuja En el mundo

Elige una manera de resolver el problema.
Escribe o haz un dibujo para mostrar lo que hiciste.

PARA EL MAESTRO • Lea el siguiente problema. En la carrera corrieron 45 niños y 63 niñas. ¿Cuántos niños corrieron en la carrera?

Charla matemática **PRÁCTICAS MATEMÁTICAS 6**

Explica por qué elegiste esa manera de resolver el problema.

Representa y dibuja

La Sra. Meyers vendió 47 refrigerios antes del juego. Luego vendió 85 refrigerios durante el juego. ¿Cuántos refrigerios vendió en total?

Paso 1 Suma las unidades.

$7 + 5 = 12$

Reagrupa 12 unidades como 1 decena, 2 unidades.

$$\begin{array}{r} ^{1} \\ 47 \\ +\ 85 \\ \hline 2 \end{array}$$

Paso 2 Suma las decenas.

$1 + 4 + 8 = 13$

$$\begin{array}{r} ^{1} \\ 47 \\ +\ 85 \\ \hline 2 \end{array}$$

Paso 3 13 decenas pueden reagruparse como 1 centena 3 decenas. Escribe el dígito de las centenas y el dígito de las decenas en la suma.

$$\begin{array}{r} ^{1} \\ 47 \\ +\ 85 \\ \hline 132 \end{array}$$

Comparte y muestra MATH BOARD

Escribe la suma.

1. $\begin{array}{r} 38 \\ +\ 94 \\ \hline \end{array}$

2. $\begin{array}{r} 45 \\ +\ 52 \\ \hline \end{array}$

3. $\begin{array}{r} 83 \\ +\ 76 \\ \hline \end{array}$

4. $\begin{array}{r} 56 \\ +\ 35 \\ \hline \end{array}$

✓5. $\begin{array}{r} 63 \\ +\ 51 \\ \hline \end{array}$

✓6. $\begin{array}{r} 74 \\ +\ 49 \\ \hline \end{array}$

Nombre ______________________________

Por tu cuenta

Escribe la suma.

7.

$$\begin{array}{r} 52 \\ +\ 37 \\ \hline \end{array}$$

8.

$$\begin{array}{r} 88 \\ +\ 21 \\ \hline \end{array}$$

9.

$$\begin{array}{r} 74 \\ +\ 67 \\ \hline \end{array}$$

10.

$$\begin{array}{r} 93 \\ +\ 54 \\ \hline \end{array}$$

11.

$$\begin{array}{r} 92 \\ +\ 78 \\ \hline \end{array}$$

12.

$$\begin{array}{r} 56 \\ +\ 16 \\ \hline \end{array}$$

13.

$$\begin{array}{r} 31 \\ +\ 45 \\ \hline \end{array}$$

14.

$$\begin{array}{r} 43 \\ +\ 72 \\ \hline \end{array}$$

15. **PIENSA MÁS** Sin hallar la suma, encierra en un círculo los pares de sumandos cuya suma sea mayor que 100.

Explica cómo decidiste qué pares encerrar en un círculo.

73
18

54
71

47
62

36
59

____

____

____

____

ACTIVIDAD PARA LA CASA • Diga a su niño dos números de 2 dígitos. Pídale que escriba los números y halle la suma.

Nombre ____________________

Entrenador personal en matemáticas
Evaluación e intervención en línea

Revisión de la mitad del capítulo

Conceptos y destrezas

Separa unidades para formar una decena. Luego suma y escribe la suma. (2.NBT.B.5)

1. $37 + 8 =$ ______

2. $55 + 7 =$ ______

Separa los sumandos para hallar la suma. (2.NBT.B.5)

3.
$$\begin{array}{r} 27 \\ +36 \\ \hline \end{array} \quad \begin{array}{l} \rightarrow \_\_\_ + \_\_\_ \\ \rightarrow \_\_\_ + \_\_\_ \\ \hline \end{array}$$

______ + ______ = ______

Escribe la suma. (2.NBT.B.5)

4.
$$\begin{array}{r} 28 \\ +\ 57 \\ \hline \end{array}$$

5.
$$\begin{array}{r} 67 \\ +\ 31 \\ \hline \end{array}$$

6.
$$\begin{array}{r} 71 \\ +\ 19 \\ \hline \end{array}$$

7. PIENSA MÁS Julia reunió 25 latas para reciclar. Dan reunió 14 latas. ¿Cuántas latas reunieron en total? (2.NBT.B.5)

______ latas

Nombre ______________________________

Practicar sumas de 2 dígitos

ESTÁNDARES COMUNES 2.NBT.B.5 *Utilizan el valor posicional y las propiedades de las operaciones para sumar y restar.*

Escribe la suma.

1. $\begin{array}{r} 58 \\ +\ 17 \\ \hline \end{array}$	**2.** $\begin{array}{r} 44 \\ +\ 86 \\ \hline \end{array}$	**3.** $\begin{array}{r} 36 \\ +\ 13 \\ \hline \end{array}$
4. $\begin{array}{r} 49 \\ +\ 72 \\ \hline \end{array}$	**5.** $\begin{array}{r} 58 \\ +\ 87 \\ \hline \end{array}$	**6.** $\begin{array}{r} 32 \\ +\ 59 \\ \hline \end{array}$

Resolución de problemas En el mundo

Resuelve. Escribe o dibuja para explicar.

7. Hay 45 libros en el estante.
Hay 37 libros sobre la mesa.
¿Cuántos libros hay en el estante y sobre la mesa en total?

_____ libros

8. ESCRIBE Matemáticas Describe cómo debes reagrupar para hallar la suma de 64 + 43.

____

____

Repaso de la lección (2.NBT.B.5)

1. ¿Cuál es la suma?

$$\begin{array}{r} 56 \\ +\ 35 \\ \hline \end{array}$$

2. ¿Cuál es la suma?

$$\begin{array}{r} 74 \\ +\ 15 \\ \hline \end{array}$$

Repaso en espiral (2.OA.A.1, 2.OA.B.2, 2.NBT.A.1, 2.NBT.A.3)

3. ¿Cuál es el valor del dígito subrayado?

$\underline{5}26$

____

4. El maestro Stevens quiere colocar 17 libros en el estante. Colocó 8 libros en el estante. ¿Cuántos libros más tiene que colocar en el estante?

17 − 8 = ____ libros

5. ¿Cuál es la diferencia?

11 − 6 = ____

6. Escribe 83 como una suma de decenas y unidades.

____ + ____

Nombre ______________________________

Reescribir sumas de 2 dígitos

Pregunta esencial ¿Qué dos maneras diferentes hay para escribir problemas de suma?

Estándares comunes **Números y operaciones en base diez—2.NBT.B.5**

PRÁCTICAS MATEMÁTICAS **MP1, MP6, MP7**

Escucha y dibuja En el mundo

Escribe los números de cada problema de suma.

+ ______	+ ______
+ ______	+ ______

Charla matemática PRÁCTICAS MATEMÁTICAS 1

Busca estructuras Explica por qué es importante alinear los dígitos de estos sumandos en columnas.

PARA EL MAESTRO • Lea el siguiente problema y pida a los niños que escriban los sumandos en formato vertical. La familia de Juan condujo 32 millas hasta la casa de su abuela. Después condujeron 14 millas hasta la casa de su tía. ¿Cuántas millas condujeron? Repita con tres problemas más.

Representa y dibuja

Suma. 28 + 45 = ?

Paso 1 Escribe el dígito de las decenas de 28 en la columna de las decenas.

Escribe el dígito de las unidades en la columna de las unidades.

Repite con 45.

$$\begin{array}{r} 2\ 8 \\ +\ 4\ 5 \\ \hline \end{array}$$

Paso 2 Suma las unidades. Reagrupa si lo necesitas. Suma las decenas.

$$\begin{array}{r} 2\ 8 \\ +\ 4\ 5 \\ \hline \end{array}$$

Comparte y muestra

MATH BOARD

Reescribe el problema de suma. Luego suma.

1. 25 + 8

+ ____

2. 37 + 10

+ ____

3. 25 + 45

+ ____

4. 38 + 29

+ ____

5. 20 + 45

+ ____

6. 63 + 9

+ ____

✓ 7. 15 + 36

+ ____

✓ 8. 74 + 18

+ ____

Nombre ______________________________

Por tu cuenta

Reescribe el problema de suma. Luego suma.

9. 27 + 54

$+$ ______

10. 34 + 30

$+$ ______

11. 26 + 17

$+$ ______

12. 48 + 38

$+$ ______

13. 50 + 32

$+$ ______

14. 61 + 38

$+$ ______

15. 37 + 43

$+$ ______

16. 79 + 17

$+$ ______

17. 45 + 40

$+$ ______

18. 21 + 52

$+$ ______

19. 17 + 76

$+$ ______

20. 68 + 29

$+$ ______

21. **PIENSA MÁS** ¿En cuál de los problemas anteriores pudiste hallar la suma sin reescribirlo? Explica.

____

____

____

Resolución de problemas • Aplicaciones En el mundo

ESCRIBE Matemáticas

Usa la tabla.
Escribe o haz un dibujo para mostrar cómo resolviste los problemas.

Puntos anotados esta temporada	
Jugador	**Número de puntos**
Anna	26
Lou	37
Becky	23
Kevin	19

22. PRÁCTICA MATEMÁTICA 1 **Analiza relaciones** ¿Qué dos jugadores anotaron 56 puntos en total? Suma para comprobar tu respuesta.

_______________ y _______________

23. PIENSA MÁS Shawn dice que puede hallar la suma de 20 + 63 sin reescribirlo. Explica cómo hallar la suma con cálculo mental.

____

____

____

____

ACTIVIDAD PARA LA CASA • Pida a su niño que escriba y resuelva otro problema usando la tabla de arriba.

Nombre ______________________

Reescribir sumas de 2 dígitos

ESTÁNDARES COMUNES—2.NBT.B.5 *Utilizan el valor posicional y las propiedades de las operaciones para sumar y restar.*

Reescribe los números. Luego suma.

1. 27 + 19

   \+ ______

2. 36 + 23

   \+ ______

3. 31 + 29

   \+ ______

4. 48 + 23

   \+ ______

5. 53 + 12

   \+ ______

6. 69 + 13

   \+ ______

7. 24 + 38

   \+ ______

8. 46 + 37

   \+ ______

Resolución de problemas — En el mundo

Usa la tabla. Muestra cómo resolviste el problema.

9. ¿Cuántas páginas leyeron Sasha y Kara en total?

   _____ páginas

Páginas leídas esta semana	
Niño	**Número de páginas**
Sasha	62
Kara	29
Juan	50

10. ESCRIBE Matemáticas Explica qué puede pasar si alineas los dígitos incorrectamente al reescribir los problemas de suma.

____
____
____

Repaso de la lección (2.NBT.B.5)

1. ¿Cuál es la suma de 39 + 17?

+ ____

2. ¿Cuál es la suma de 28 + 16?

+ ____

Repaso en espiral (2.OA.C.4, 2.NBT.A.1, 2.NBT.A.3, 2.NBT.B.6)

3. ¿Qué número es otra manera de escribir 60 + 4?

____

4. En el salón de clases hay 4 escritorios por hilera. Hay 5 hileras. ¿Cuántos escritorios hay en el salón de clases?

____ escritorios

5. Una ardilla recolectó 17 bellotas. Luego la ardilla recolectó 31 bellotas. ¿Cuántas bellotas recolectó la ardilla en total?

____ bellotas

6. ¿Qué número puede escribirse como 3 centenas, 7 decenas, 5 unidades?

____

Nombre ______________________________

Resolución de problemas • La suma

Pregunta esencial ¿Cómo ayuda dibujar un diagrama cuando resuelves problemas?

Estándares comunes — **Operaciones y pensamiento algebraico—2.OA.A.1**
También 2.NBT.B.5

PRÁCTICAS MATEMÁTICAS
MP1, MP2, MP4

Kendra tenía 13 crayones. Su papá le regaló algunos más. Entonces tenía 19 crayones. ¿Cuántos crayones le regaló a Kendra su papá?

Soluciona el problema

¿Qué debo hallar?

cuántos crayones
le regaló a Kendra su papá

¿Qué información debo usar?

Tenía ________ crayones.

Después de que él le regaló algunos más, ella tenía ________ crayones.

Muestra cómo resolver el problema.

13	____

19

Hay 19 crayones en total.

13 + ▢ = 19

________ crayones

NOTA A LA FAMILIA: • Su niño usó un modelo de barras y un enunciado numérico para representar el problema. Esto ayuda a mostrar la cantidad que falta para resolver el problema.

Haz otro problema

Rotula el modelo de barras. Escribe un enunciado numérico con un ■ en el lugar del número que falta. Resuelve.

- ¿Qué debo hallar?
- ¿Qué información debo usar?

1. El Sr. Kane tiene 24 bolígrafos rojos. Compra 19 bolígrafos azules. ¿Cuántos bolígrafos tiene ahora?

______________________ ________ bolígrafos

2. Hannah tiene 10 lápices. Jim y Hannah tienen 17 lápices en total. ¿Cuántos lápices tiene Jim?

______________________ ________ lápices

Charla matemática

PRÁCTICAS MATEMÁTICAS 2

Explica cómo sabes si una cantidad es una parte o el entero de un problema.

Nombre ______________________________

Comparte y muestra

MATH BOARD

Rotula el modelo de barras. Escribe un enunciado numérico con un ■ en el lugar del número que falta. Resuelve.

✓ **3.** Aimee y Matthew atrapan 17 grillos en total. Aimee atrapa 9 grillos. ¿Cuántos grillos atrapa Matthew?

_______ grillos

____

✓ **4.** Percy cuenta 16 saltamontes en el parque. Luego cuenta otros 15 saltamontes en casa. ¿Cuántos saltamontes cuenta en total?

_______ saltamontes

____

5. PIENSA MÁS Hay tres grupos de búhos. Hay 17 búhos en cada uno de los dos primeros grupos. En total hay 47 búhos. ¿Cuántos búhos hay en el tercer grupo?

Matemáticas al instante

_______ búhos

Por tu cuenta

ESCRIBE Matemáticas

Escribe o dibuja para explicar.

6. Hay 37 clips en una caja y 24 clips sobre la mesa. ¿Cuántos clips hay en total?

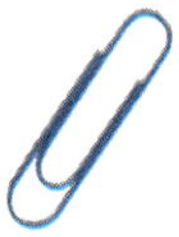

_______ clips

7. PRÁCTICA MATEMÁTICA 1 **Comprende los problemas** Jeff tiene 19 tarjetas postales y dos bolígrafos. Compra 20 tarjetas postales más. ¿Cuántas postales tiene ahora?

_______ tarjetas postales

8. MÁS AL DETALLE En una granja hay 41 gallinas. Hay 13 gallinas en cada uno de los 2 gallineros del corral. El resto de gallinas está afuera. ¿Cuántas gallinas hay afuera?

_______ gallinas

9. PIENSA MÁS Hay 23 libros en una caja. Hay 29 libros en un estante. ¿Cuántos libros hay en total?

_______ libros

ACTIVIDAD PARA LA CASA • Pida a su niño que explique cómo resolver uno de los problemas de arriba.

Nombre ______________________________

Resolución de problemas • Suma

ESTÁNDARES COMUNES—2.OA.A.1
Representan y resuelven problemas relacionados a la suma y a la resta.

Rotula el modelo de barras. Escribe un enunciado numérico con un ▢ en lugar del número que falta. Resuelve.

1. Jacob cuenta 37 hormigas en la acera y 11 hormigas en el césped. ¿Cuántas hormigas cuenta Jacob?

____	____

____

____

____ hormigas

2. Hay 14 abejas en la colmena y 17 abejas en el jardín. ¿Cuántas abejas hay en total?

____	____

____

____

____ abejas

3. **ESCRIBE** **Matemáticas** Describe cómo rotulaste el modelo de barras y escribiste el enunciado numérico para resolver el Ejercicio 2.

____
____
____
____
____
____

Repaso de la lección (2.OA.A.1)

1. Sean y Abby tienen 23 marcadores entre los dos. Abby tiene 14 marcadores. ¿Cuántos marcadores tiene Sean?

2. La maestra James tiene 22 estudiantes en su clase. El maestro Williams tiene 24 estudiantes en su clase. ¿Cuántos estudiantes hay en las dos clases?

Repaso en espiral (2.OA.B.2, 2.NBT.A.2)

3. ¿Cuál es la diferencia?

$15 - 9 =$ ____

4. ¿Cuál es la suma?

$7 + 5 =$ ____

5. Jan tiene 10 bloques. Le regala 9 bloques a Tim. ¿Cuántos bloques tiene Jan ahora?

$14 - 9 =$ ____ bloques

6. ¿Cuál es el siguiente número del patrón de conteo?

29, 39, 49, 59, ____

Nombre ____

Álgebra • Escribir ecuaciones para representar la suma

Estándares comunes **Operaciones y pensamiento algebraico—2.OA.A.1**
También 2.NBT.B.5

PRÁCTICAS MATEMÁTICAS
MP2, MP5, MP6

Pregunta esencial ¿Cómo escribes un enunciado numérico para representar un problema?

Escucha y dibuja — En el mundo

Haz un dibujo para mostrar cómo hallaste la respuesta.

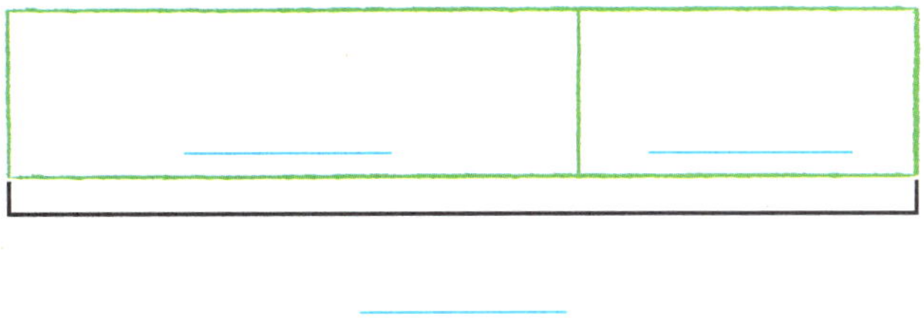

Charla matemática **PRÁCTICAS MATEMÁTICAS 5**

Comunica Explica cómo hallaste el número de niños que había en el autobús.

PARA EL MAESTRO • Lea el siguiente problema y pida a los niños que elijan su propio método para resolverlo. Hay 15 niños en el autobús. Luego 9 niños más suben al autobús. ¿Cuántos niños hay en el autobús ahora?

Representa y dibuja

Puedes escribir un enunciado numérico para mostrar un problema.

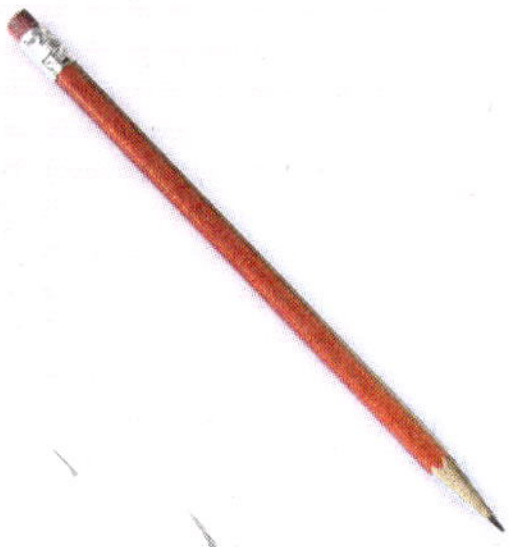

Sandy tiene 16 lápices. Nancy tiene 13 lápices. ¿Cuántos lápices tienen en total?

16 + 13 = ■

PIENSA:

	16 lápices
+	13 lápices
	29 lápices

Tienen ______ lápices en total.

Comparte y muestra MATH BOARD

Escribe un enunciado numérico para el problema. Usa un ■ en el lugar del número que falta. Luego resuelve.

1. Carl ve 25 melones en la tienda. Hay 15 pequeños y el resto son grandes. ¿Cuántos melones son grandes?

____

______ melones

2. El jueves fueron 83 personas al cine. Había 53 niños y el resto eran adultos. ¿Cuántos adultos había en el cine?

____

______ adultos

Nombre ______________________________

Por tu cuenta

Escribe un enunciado numérico para el problema. Usa un ■ en el lugar de los números que faltan. Luego resuelve.

3. Jake tenía algunos sellos. Luego compró 20 sellos más. Ahora tiene 56 sellos. ¿Cuántos sellos tenía Jake al comienzo?

____

______ sellos

4. PIENSA MÁS La clase de Braden fue al parque. Vieron 26 robles y 14 arces. También vieron 13 cardenales y 35 azulejos. Compara el número de árboles y el número de aves que vio la clase.

______ ◯ ______

5. PRÁCTICA MATEMÁTICA 6 **Explica** Amy necesita aproximadamente 70 clips. Sin sumar, encierra en un círculo 2 cajas que se aproximarían a la cantidad que necesita Amy.

70 clips	81 clips	54 clips
19 clips	35 clips	32 clips

Explica por qué las elegiste.

____

____

____

Resolución de problemas • Aplicaciones En el mundo

ESCRIBE Matemáticas

6. PRÁCTICA MATEMÁTICA 1 **Comprende los problemas**
El Sr. Walton horneó 24 panes la semana pasada. Horneó 28 panes esta semana. ¿Cuántos panes horneó en las dos semanas?

_______ panes

7. PIENSA MÁS Denise vio estas bolsas de naranjas en la tienda.

Denise compró 26 naranjas. ¿Qué dos bolsas de naranjas compró?
Escribe o haz un dibujo para mostrar cómo resolviste el problema.

Explica cómo hallaste los números que suman un total de 26.

____

____

____

ACTIVIDAD PARA LA CASA • Pida a su niño que explique cómo escribe un enunciado numérico que represente un problema.

Nombre ______________________________

Álgebra • Escribir ecuaciones para representar la suma

Estándares comunes **ESTÁNDARES COMUNES 2.OA.A.1** *Representan y resuelven problemas relacionados a la suma y a la resta.*

Escribe un enunciado numérico para el problema. Usa un ■ en lugar del número que falta. Luego resuelve.

1. Emily y sus amigos fueron al parque. Vieron 15 petirrojos y 9 azulejos. ¿Cuántas aves vieron?

____

____ aves

2. Joe tiene 13 peces en una pecera. Tiene 8 peces en otra pecera. ¿Cuántos peces tiene Joe?

____

____ peces

Resolución de problemas En el mundo

Resuelve.

3. Hay 21 estudiantes en la clase de Kathleen. 12 de ellos son mujeres. ¿Cuántos varones hay en la clase de Kathleen?

____ varones

4. ESCRIBE Matemáticas Explica por qué decidiste escribir ese enunciado numérico para el Ejercicio 1.

____

____

____

____

Repaso de la lección (2.OA.A.1)

1. Clara tiene 14 bloques. Jasmine tiene 6 bloques. ¿Cuántos bloques tienen en total?

   14 + 6 = ____ bloques

2. Matt encontró 16 bellotas en el parque. Trevor encontró 18 bellotas. ¿Cuántas bellotas encontraron los dos?

   16 + 18 = ____ bellotas

Repaso en espiral (2.OA.A.1, 2.OA.B.2, 2.OA.C.3, 2.OA.C.4)

3. Leanne contó 19 hormigas. Gregory contó 6. ¿Cuántas hormigas más que Gregory contó Leanne?

   19 − 6 = ____ hormigas

4. ¿Cuál es la suma?

   4 + 3 + 6= ____

5. La maestra Santos colocó caracoles en 4 hileras. Colocó 6 caracoles en cada hilera. ¿Cuántos caracoles hay en total?

   ____ caracoles

6. Encierra en un círculo el número par.

   9   14   17   21

PRACTICA MÁS CON EL Entrenador personal en matemáticas

Nombre ____________________________________

Álgebra • Hallar la suma de 3 sumandos

Pregunta esencial ¿De qué maneras se pueden sumar 3 números?

Estándares comunes **Números y operaciones en base diez—2.NBT.B.6**

PRÁCTICAS MATEMÁTICAS
MP1, MP4, MP8

Escucha y dibuja En el mundo

Haz un dibujo para mostrar cada problema.

Charla matemática

PRÁCTICAS MATEMÁTICAS

¿Qué números sumaste primero en el primer problema? **Explica** por qué.

PARA EL MAESTRO • Lea el siguiente problema y pida a los niños que hagan un dibujo para mostrarlo. El Sr. Kim compró 5 globos azules, 4 globos rojos y 5 globos amarillos. ¿Cuántos globos compró el Sr. Kim? Repita con otro problema.

Representa y dibuja

Hay distintas maneras de sumar tres números.

¿Cómo puedes sumar 23, 41 y 17?

Piensa en distintas maneras de elegir dígitos de la columna de las unidades para sumar primero.

Primero puedes formar una decena. Luego suma el otro dígito de las unidades. Luego suma las decenas.

$$\begin{array}{r} 23 \\ 41 \\ +\ 17 \\ \hline \end{array}$$

$3 + 7 = 10$

$10 + 1 = 11$

Suma de arriba abajo. Primero suma los dos dígitos de la parte superior de la columna de las unidades, luego suma el siguiente dígito. Luego suma las decenas.

$$\begin{array}{r} 23 \\ 41 \\ +\ 17 \\ \hline \end{array}$$

$3 + 1 = 4$

$4 + 7 = 11$

Comparte y muestra MATH BOARD

Suma.

1. $\begin{array}{r} 33 \\ 34 \\ +\ 32 \\ \hline \end{array}$

2. $\begin{array}{r} 47 \\ 21 \\ +\ 7 \\ \hline \end{array}$

3. $\begin{array}{r} 65 \\ 13 \\ +\ 15 \\ \hline \end{array}$

4. $\begin{array}{r} 58 \\ 27 \\ +\ 22 \\ \hline \end{array}$

5. $\begin{array}{r} 12 \\ 22 \\ +\ 36 \\ \hline \end{array}$

6. $\begin{array}{r} 10 \\ 42 \\ +\ 36 \\ \hline \end{array}$

7. $\begin{array}{r} 31 \\ 21 \\ +\ 16 \\ \hline \end{array}$

8. $\begin{array}{r} 30 \\ 29 \\ +\ 48 \\ \hline \end{array}$

Nombre ______________________________

Por tu cuenta

Suma.

9.
$$\begin{array}{r} 22 \\ 27 \\ +18 \\ \hline \end{array}$$

10.
$$\begin{array}{r} 26 \\ 31 \\ +19 \\ \hline \end{array}$$

11.
$$\begin{array}{r} 24 \\ 11 \\ +53 \\ \hline \end{array}$$

12.
$$\begin{array}{r} 33 \\ 43 \\ +\ 4 \\ \hline \end{array}$$

13.
$$\begin{array}{r} 40 \\ 17 \\ +32 \\ \hline \end{array}$$

14.
$$\begin{array}{r} 25 \\ 25 \\ +25 \\ \hline \end{array}$$

15.
$$\begin{array}{r} 19 \\ 65 \\ +24 \\ \hline \end{array}$$

16.
$$\begin{array}{r} 73 \\ 4 \\ +\ 16 \\ \hline \end{array}$$

17. MÁS AL DETALLE La Sra. Carson está preparando comida para una fiesta. Hace 20 sándwiches de jamón, 34 sándwiches de pavo y 38 sándwiches de atún. ¿Cuántos sándwiches prepara para la fiesta?

______ sándwiches

18. PIENSA MÁS Sofía tenía 44 canicas. Compró 24 canicas más. Luego John le regaló 35 canicas. ¿Cuántas canicas tiene Sofía ahora?

______ canicas

Resolución de problemas • Aplicaciones En el mundo

ESCRIBE Matemáticas

Resuelve. Escribe o dibuja para explicar.

19. PRÁCTICA MATEMÁTICA 1 **Evalúa** La Sra. Shaw tiene 23 cuadernos rojos, 15 cuadernos azules y 27 cuadernos verdes. ¿Cuántos cuadernos tiene en total?

_______ cuadernos

20. PRÁCTICA MATEMÁTICA 4 **Haz un modelo de matemáticas** Escribe un problema que pueda resolverse con este enunciado numérico.

$$12 + 28 + \blacksquare = 53$$

____

____

____

____

21. PIENSA MÁS El Sr. Samson dio a sus estudiantes 31 lápices amarillos, 27 lápices rojos y 25 lápices azules. ¿Cuántos lápices dio en total a sus estudiantes?

_______ lápices

ACTIVIDAD PARA LA CASA • Pida a su niño que muestre dos formas de sumar 17, 13 y 24.

Nombre ______________________

Álgebra • Hallar la suma de 3 sumandos

Estándares comunes

ESTÁNDARES COMUNES 2.NBT.B.6
Utilizan el valor posicional y las propiedades de las operaciones para sumar y restar.

Suma.

1.
$$\begin{array}{r} 23 \\ 20 \\ +25 \\ \hline \end{array}$$

2.
$$\begin{array}{r} 15 \\ 22 \\ +38 \\ \hline \end{array}$$

3.
$$\begin{array}{r} 13 \\ 52 \\ +34 \\ \hline \end{array}$$

4.
$$\begin{array}{r} 27 \\ 40 \\ +19 \\ \hline \end{array}$$

5.
$$\begin{array}{r} 31 \\ 45 \\ +24 \\ \hline \end{array}$$

6.
$$\begin{array}{r} 34 \\ 11 \\ +28 \\ \hline \end{array}$$

7.
$$\begin{array}{r} 42 \\ 36 \\ +11 \\ \hline \end{array}$$

8.
$$\begin{array}{r} 18 \\ 22 \\ +34 \\ \hline \end{array}$$

9.
$$\begin{array}{r} 53 \\ 19 \\ +25 \\ \hline \end{array}$$

Resolución de problemas En el mundo

Resuelve. Escribe o dibuja la explicación.

10. Liam tiene 24 lápices amarillos, 15 lápices rojos y 9 lápices azules. ¿Cuántos lápices tiene en total?

_____ lápices

11. ESCRIBE **Matemáticas** Describe cómo hallarías la suma de 24, 36 y 13.

____

Repaso de la lección (2.NBT.B.6)

1. ¿Cuál es la suma?

$$\begin{array}{r} 22 \\ 31 \\ +\ 16 \\ \hline \end{array}$$

2. ¿Cuál es la suma?

$$\begin{array}{r} 17 \\ 26 \\ +\ 30 \\ \hline \end{array}$$

Repaso en espiral (2.OA.A.1, 2.OA.C.4, 2.NBT.A.3, 2.NBT.B.8)

3. ¿Qué número es 10 más que 127?

____

4. El teléfono del Sr. Howard tiene 4 hileras de teclas. Hay 3 teclas en cada hilera. ¿Cuántas teclas tiene el teléfono del Sr. Howard?

____ teclas

5. Bob lanzó 8 herraduras. Liz lanzó 9 herraduras. ¿Cuántas herraduras lanzaron los dos?

$8 + 9 =$ ____ herraduras

6. ¿Qué número se puede escribir como 3 centenas 1 decena 5 unidades?

____

PRACTICA MÁS CON EL Entrenador personal en matemáticas

Nombre ______________________________

Álgebra • Hallar la suma de 4 sumandos

Pregunta esencial ¿De qué maneras se pueden sumar 4 números?

Estándares comunes **Números y operaciones en base diez—2.NBT.B.6**

PRÁCTICAS MATEMÁTICAS
MP1, MP6, MP8

Escucha y dibuja En el mundo

Muestra cómo resolviste cada problema.

Charla matemática **PRÁCTICAS MATEMÁTICAS 6**

Describe cómo hallaste la respuesta del primer problema.

PARA EL MAESTRO • Lea este problema y pida a los niños que elijan una manera de resolverlo. Shelly cuenta 16 hormigas en su granja de hormigas. Pedro cuenta 22 hormigas en su granja. Tara cuenta 14 hormigas en su granja. ¿Cuántas hormigas cuentan los 3 niños? Repita con otro problema.

Representa y dibuja

Los dígitos de una columna se pueden sumar de más de una manera. Suma las unidades primero. Luego suma las decenas.

Halla una suma que conozcas. Luego súmale a esta suma.

$$\begin{array}{r} 31 \\ 14 \\ 27 \\ +\ 24 \\ \hline \end{array} \quad 1 + 7 = 8$$

PIENSA:
8 + 1 = 9, luego súmale 7. La suma de las unidades es 16 unidades.

Suma pares de dígitos primero. Luego suma estas sumas.

$$\begin{array}{r} 31 \\ 14 \\ 27 \\ +\ 24 \\ \hline \end{array} \quad 1 + 4 = 5, \quad 7 + 4 = 11$$

PIENSA:
5 + 11 = 16, por lo tanto, hay 16 unidades en total.

Comparte y muestra MATH BOARD

Suma.

1. $\begin{array}{r} 23 \\ 11 \\ 22 \\ +31 \\ \hline \end{array}$

2. $\begin{array}{r} 30 \\ 15 \\ 3 \\ +\ 25 \\ \hline \end{array}$

3. $\begin{array}{r} 13 \\ 26 \\ 54 \\ +\ 12 \\ \hline \end{array}$

4. $\begin{array}{r} 27 \\ 2 \\ 23 \\ +\ 13 \\ \hline \end{array}$

✓5. $\begin{array}{r} 45 \\ 14 \\ 35 \\ +\ 51 \\ \hline \end{array}$

✓6. $\begin{array}{r} 32 \\ 21 \\ 15 \\ +\ 30 \\ \hline \end{array}$

Nombre ______________________________

Por tu cuenta

Suma.

7.
$$\begin{array}{r} 36 \\ 12 \\ 21 \\ +\ 26 \\ \hline \end{array}$$

8.
$$\begin{array}{r} 14 \\ 23 \\ 20 \\ +\ 11 \\ \hline \end{array}$$

9.
$$\begin{array}{r} 22 \\ 13 \\ 15 \\ +\ 27 \\ \hline \end{array}$$

10.
$$\begin{array}{r} 45 \\ 12 \\ 41 \\ +\ 22 \\ \hline \end{array}$$

11.
$$\begin{array}{r} 59 \\ 31 \\ 51 \\ +\ 73 \\ \hline \end{array}$$

12.
$$\begin{array}{r} 34 \\ 10 \\ 31 \\ +\ 22 \\ \hline \end{array}$$

13. MÁS AL DETALLE Unas amigas necesitan 100 lazos para hacer un proyecto. Sara lleva 12 lazos, Ángela lleva 50 lazos y Nora lleva 34 lazos. ¿Cuántos lazos más necesitarán?

_______ lazos más

Resuelve. Dibuja o escribe para explicar.

14. PIENSA MÁS Laney sumó cuatro números que suman un total de 128. Derramó jugo sobre un número. ¿Qué número es?

$$22 + 43 + \square + 30 = 128$$

____

Resolución de problemas • Aplicaciones En el mundo

ESCRIBE Matemáticas

Usa la tabla.
Escribe o haz un dibujo para mostrar cómo resolviste los problemas.

Caracoles recolectados en la playa	
Niño	**Número de caracoles**
Katie	34
Paul	15
Noah	26
Laura	21

15. PRÁCTICA MATEMÁTICA 1 **Evalúa** ¿Cuántos caracoles recolectaron en total los cuatro niños en la playa?

_______ caracoles

16. MÁS AL DETALLE ¿Qué dos niños recolectaron más caracoles en la playa: Katie y Paul o Noah y Laura?

____

17. PIENSA MÁS Había 24 cuentas rojas, 31 cuentas azules y 8 cuentas verdes en un frasco. Luego Emma puso 16 cuentas en el frasco. Escribe un enunciado numérico que muestre el número de cuentas que hay ahora en el frasco.

____

ACTIVIDAD PARA LA CASA • Pida a su niño que explique qué aprendió en esta lección.

Nombre ______________________________

Álgebra • Hallar la suma de 4 sumandos

Estándares comunes ESTÁNDARES COMUNES 2.NBT.B.6 *Utilizan el valor posicional y las propiedades de las operaciones para sumar y restar.*

Suma.

1.
$$\begin{array}{r} 18 \\ 32 \\ 23 \\ +\ 3 \\ \hline \end{array}$$

2.
$$\begin{array}{r} 45 \\ 31 \\ 29 \\ +72 \\ \hline \end{array}$$

3.
$$\begin{array}{r} 24 \\ 62 \\ 70 \\ +33 \\ \hline \end{array}$$

4.
$$\begin{array}{r} 83 \\ 32 \\ 61 \\ +22 \\ \hline \end{array}$$

5.
$$\begin{array}{r} 37 \\ 15 \\ 31 \\ +12 \\ \hline \end{array}$$

6.
$$\begin{array}{r} 21 \\ 13 \\ 96 \\ +18 \\ \hline \end{array}$$

Resolución de problemas En el mundo

Resuelve. Muestra cómo resolviste el problema.

7. Kinza corre 16 minutos el lunes, 13 minutos el martes, 9 minutos el miércoles y 20 minutos el jueves. ¿Cuántos minutos corre Kinza en total? _____ minutos

8. ESCRIBE Matemáticas Describe dos estrategias diferentes que podrías usar para sumar 16 + 35 + 24 + 14.

Repaso de la lección (2.NBT.B.6)

1. ¿Cuál es la suma?

$$\begin{array}{r} 12 \\ 33 \\ 56 \\ +\ 32 \\ \hline \end{array}$$

2. ¿Cuál es la suma?

$$\begin{array}{r} 41 \\ 74 \\ 43 \\ +\ 20 \\ \hline \end{array}$$

Repaso en espiral (2.OA.A.1, 2.NBT.B.5)

3. Laura tiene 6 margaritas. Luego encuentra 7 margaritas más. ¿Cuántas margaritas tiene ahora?

$6 + 7 =$ ____ margaritas

4. ¿Cuál es la suma?

$$\begin{array}{r} 52 \\ +27 \\ \hline \end{array}$$

5. Alan tiene 25 tarjetas de colección. Compra 8 más. ¿Cuántas tarjetas tiene ahora?

$25 + 8 =$ ____ tarjetas

6. Jen vio 13 conejillos de Indias y 18 jerbos en la tienda de mascotas. ¿Cuántas mascotas vio?

$13 + 18 =$ ____ mascotas

PRACTICA MÁS CON EL
Entrenador personal en matemáticas

Nombre ______________________

Entrenador personal en matemáticas
Evaluación e intervención en línea

Repaso y prueba del Capítulo 4

1. Beth horneó 24 pastelitos de zanahoria. Luego horneó 18 pastelitos de manzana. ¿Cuántos pastelitos horneó?

Rotula el modelo de barra. Escribe un enunciado numérico con un ■ en el lugar del número que falta. Resuelve.

____	____

____

______________________ ________ pastelitos

2. Carlos tiene 23 llaves rojas, 36 llaves azules y 44 llaves verdes. ¿Cuántas llaves tiene?

Carlos tiene [67 / 80 / 103] llaves.

3. Mike ve 17 carritos azules y 25 carritos verdes en la tienda de juguetes. ¿Cuántos carritos ve?

○ $17 + 25$ ○ $25 - 17$ ○ $25 + 17$ ○ $17 + 17$

Mike ve ________ carritos.

Describe cómo resolviste el problema.

____

____

Aprende en línea — Opciones de evaluación — Prueba del capítulo

4. Jerry tiene 53 lápices en un cajón. Tiene 27 lápices en otro cajón.

Escribe o haz un dibujo que explique cómo hallar el número de lápices que hay en los dos cajones.

Jerry tiene ______ lápices.

Entrenador personal en matemáticas

5. PIENSA MÁS + Lauren ve 14 aves. Su amigo ve 7 aves. ¿Cuántas aves ven Lauren y su amigo? Haz dibujos rápidos para resolver. Escribe la suma.

Decenas	Unidades

______ aves

¿Reagrupaste para hallar la respuesta? Explica.

______

______

6. Matt dice que puede hallar la suma de 45 + 50 sin reescribirla. Explica cómo puedes resolver este problema con un cálculo mental.

______

______

Nombre ______________________________

7. Ling ve estos tres carteles en el teatro.

Sección A	Sección B	Sección C
35 asientos	43 asientos	17 asientos

¿Qué dos secciones tienen 78 asientos?

Explica por qué las elegiste.

____

____

8. Leah puso 21 canicas blancas, 31 canicas negras y 7 canicas azules en una bolsa. Luego, su hermana agregó 19 canicas amarillas.

Escribe un enunciado numérico para mostrar el número de canicas que hay en la bolsa.

____

9. Nicole hizo un collar. Usó 13 cuentas rojas y 26 cuentas azules. Muestra cómo puedes separar los sumandos para hallar el número de cuentas que usó Nicole.

13 → ____ + ____

+ 26 → ____ + ____

____ + ____ = ____

10. MÁS AL DETALLE Sin hallar las sumas, ¿el par de sumandos tiene una suma mayor que 100?
Elige Sí o No.

51 + 92	○ Sí	○ No
42 + 27	○ Sí	○ No
82 + 33	○ Sí	○ No
62 + 14	○ Sí	○ No

Explica cómo decidiste qué pares suman un total mayor que 100.

____

____

____

11. Leslie encuentra 24 clips en su mesa. Encuentra 8 clips más en su caja de los lápices. Elige todas las formas que puedes usar para hallar cuántos clips tiene Leslie en total.

- ○ 24 + 8
- ○ 24 − 8
- ○ 24 + 6 + 2

12. El Sr. O'Brien visitó un faro. Subió 26 escalones. Luego subió 64 escalones más hasta llegar arriba. ¿Cuántos escalones subió en el faro?

_______ escalones